나는
그냥
꼰대로
살기로
했다

나는
그냥
꼰대로
살기로
했다

임영균 지음

"잘못된 부분을 지적하자니 꼰대 같고,
그냥 넘어가자니 속이 끓는다!
나는 결심했다.
그냥 꼰대가 되기로."

지식너머

꼰대 나가신다 길을 비켜라

대한민국 국민이라면 한 번쯤 열광하거나 관심을 가지고 지켜보는 대결 몇 가지가 있다. 밤을 새워서라도 지켜봐야 하는 한일전. 프로 야구 팬이라면 공감하는 LG와 두산의 서울 라이벌전. 세계로 눈을 돌린 축구 팬이라면 반드시 챙겨 본다는 FC 바르셀로나와 레알 마드리드의 엘 클라시코.

이처럼 어떤 대결이나 라이벌 구도는 늘 세간의 관심을 끌며 그 결과를 주목하게 만든다.

요즘 이에 못지않게 많은 이들의 관심을 끄는 대결이 있다. 바로 기성세대와 밀레니얼의 세대 대결이다. 소위 '꼰대'와 '요즘 것들'의 대결은 이 시대 직장인들에게는 현실적이면서도 흥미 있는 주제라서 늘 인터넷을 뜨겁게 달군다.

그런데 어째 돌아가는 판세가 '요즘 것들'의 일방적인 우세다. 아니, 원사이드 게임에 가깝다. 《90년생이 온다》, 《밀레니얼과 함께 일하는 법》, 《밀레니얼은 처음이라서》 등 기성세대가 밀레니얼을 이해하려는 책들이 쏟아지고, 기성세대는 '꼰대' 소리를 듣지 않기 위해 해야 할 말을 삼키며 오늘도 밀레니얼의 눈치를 본다.

'꼰대'라는 이름의 적?

맞다. 지금 세상은 밀레니얼을 중심으로 돌아간다. 새로운 시대가 오고, 새로운 문화가 만들어지고 있다. 하지만 주연이 있으면 조연이 있기 마련인데, 그 안에서 기성세대는 조연으로 남지 못하고 '꼰대'라는 이름의 적으로 묘사되고 만다.

과연 꼰대는 사회의 필요악이고, 밀레니얼의 눈치를 보면서 세상의 뒤안길로 사라져야 할 존재인가? 그들의 가치나 존재의 의미를 재조명할 수는 없을까? 일방적인 원사이드 게임에서 반대의 목소리를 내는 글도 있었으면 좋겠다는 취지로 이 글을 시작했다.

그런 의미에서 이 책은 3040 직장인들을 주 타깃으로 한다. 이미 꼰대가 되었거나 스멀스멀 꼰대 세포가 스며드는 것을 느끼는 이들이다. 요즘 유행하는 '먹방'이 대리 만족 경험을 제공하는 것처럼 나 또한 이들의 감정 대리인을 자처하며 '꼰대'의 속 이야기를 대신해 보려고 한다.

물론, 그렇다고 해서 '꼰대'를 무조건적으로 옹호하려는 것은 아니다. 꼰대라서, 상사라서, 나이가 많아서 다 해도 괜찮다는 얘기도 아니다. 알고 보면 짠한 꼰대들의 사정과 함께 요즘 세대가 이해할 만한 공생의 방법을 고민하고 제시하고자 한다.

결과적으로 꼰대가 되는 것을 두려워하지 말고, 좀 더 나은 꼰대가 될 수 있는 방법을 찾자는 것이다. 나는 지금부터 그런 꼰대를 '따뜻한 꼰대' 즉, '따꼰'이라고 부르려고 한다.

그럼 지금부터 밀레니얼 100만 안티 확보 프로젝트이자 꼰대의, 꼰대에 의한, 꼰대를 위한 꼰대 이야기를 시작해 본다. 꼰대 나가신다, 길을 비켜라. 으라차차!

진정성 있는 한마디를
날릴 수 있는 꼰대,

그대의
이름은
' 따 . 꼰 '

contents

Part 1
○
앞후니까
꼰대다

Part 2

○

따끈따끈
따뜻한 꼰대가 왔어요

Part 3

○

꼰대의
생활력

Part 4

○

꼰대의
사회력

Part 5

○

누구나
언젠가는 꼰대가 된다

앞후니까 꼰대다

꼰대라는 이름의 적?

요즘 사람들이 아침에 일어나서 가장 먼저 하는 일이 뭘까?

바로 미세먼지 농도를 체크하는 것이라고 한다. 기온을 체크하는 것보다 미세먼지 농도를 확인하는 일이 우선이 되었다고 한다.

미세먼지 농도를 체크하는 일이 화장실을 가고, 물을 마시는 것만큼 아침의 중요 일과가 된 것이다. 또 미세먼지는 일상 대화 속에서도 빠지지 않고 등장하는 주제이다. 이는 불과 1~2년 사이에 벌어진 일이다.

사실 미세먼지는 수십 년 전부터 있었다. 다만 우리의 인식 속에 어떤 개념으로 자리잡지 못했던 것뿐이다. 그러다 미세먼지가 일급 발암 물질로 지정되고 미세먼지 농도를 의무적으로 공표하는 법이 마련되면서 미세먼지는 해롭다는 게 사람들의 인식에 자리잡았다.

이때부터일까? 실제로 미세먼지 농도가 더 나빠진 것도 있겠지만, 사람들이 미세먼지에 민감하게 반응하기 시작했다. 각종 매체들도 앞다투어 미세먼지 관련 뉴스를 비중 있게 다루면서 대중을 자극했다. 그러면서 미세먼지에 대한 우리의 불안감도 더욱 커졌다.

나는 이런 생각을 해 본다. 미세먼지의 유해성 여부를 떠나서 미세먼지라는 개념이 우리에게 자리잡으면서 좀 더 민감해지고 신경 쓰게 된 것은 아닐까 하고 말이다. 미세먼지라는 개념을 몰랐다면, 그냥 "공기가 안 좋네" 하고 넘어갔을 일이 이제는 미세먼지 때문에 이민을 가야 하나 고민하는 시대가 되었으니 말이다.

비슷한 예로 '중2병'이라는 말을 들 수 있다. 중학생 자녀를 키우는 부모들이 가장 두려워하는 단어이다. 중2병은 중학교 2학년 즈음 시작돼서 시간이 지나면서 자연 치유된다고 하여 만들어진 사춘기의 다른 말이다.

중2병에 걸리면 말수가 급격히 적어진다고 한다. 또 방문을 쿵 하고 세게 닫으며 질문에는 무응답으로 일관하고 혹시 대답을 하더라도 짜증이 섞인다고 하니 이 시기 부모들은 자녀에게 이 병이 오지 않을까 두려워한다.

나는 여기서 또 이런 딴지를 걸어 본다. 누구나 이 시기가 찾아오기 마련인데 누군가가 굳이 '중2병'이라는 단어를 만들어서 병을 키운 건 아닌가 하고 말이다. 사람에 따라 그냥 지나갈 수도 있는 시기를 중2병이라는 단어를 만들어서 중학교 2학년이 되면 으레 걸려야 하는 병으로 만들어 버린 것은 아닌가 하고 말이다.

중2병이라는 개념이 알려지고 확산하면서 부모나 사회가 중학교 2학년 모두를 중2병이라는 프레임으로 바라보며 매도하는 것은 아닌가 하는 생각도 든다.

왜 당연한 것에 딴지를 거냐고? 이것의 연장선에서 '꼰대'를 다시 생각해 보고 싶기 때문이다.

우리는 사회가 만들어 놓은 개념에 쉽게 동화된다. 그러고는 그 개념이나 프레임 안에 우리의 생각을 가둔다. 남들이 다 그렇게 생각하는 것에 쉽게 동조하는 경향 때문일 수도 있다.

하지만 비판적인 시선으로 왜 꼭 그래야만 하는지 질문을 던질 필요가 있다. '꼰대'라는 말 때문에 알게 모르게 선배나 상사의 이미지를 부정적으로 세뇌시키고 있는 것은 아닌지 생각해 볼 필요가 있다.

꼰대의 어원은 다양하다. 번데기의 사투리인 '꼰데기'에서 왔다는 설도 있고 프랑스의 백작을 뜻하는 '콩테'에서 왔다는 설도 있다. 주목할 만한 사실은 그 어느 단어에도 부정적인 의미가 없다는 것이다.

이런 단어가 어쩌다가 지금에까지 이르게 되었는지 그 과정을 명확하게 추론할 수는 없지만, 어쨌든 지금은 회사나 사회에서 고압적이거나 고집이 센 누군가를 비하하는 의미로 쓰인다.

여기까지는 크게 문제가 되지 않는다. 하지만 문제는 그 다음이다. 이제는 조금만 쓴소리를 하거나 자신과 다른 생각을 주장하면 쉽게 '꼰대'라는 이름으로 매도된다. 꼰대는 이 시대 직장인들이 기피하는 단어 1순위가 되었다.

이에 따른 부작용은 여기서 끝나지 않는다. 잘못된 부분에 대한 지적이나 조언이 필요할 때도 꼰대 소리를 들을까 봐 눈치를 보며 말 한마디 제대로 못하게 된 것이다.

물론, 자신보다 나이가 어리다고 배려하지 않거나 공과 사를 구분하지 않고 모든 것을 자기중심적으로 판단하는 사람들은 지탄받아야 마땅하다.

하지만 선배라서, 상사라서, 팀장이라서 그 자리에서 해야 할 말, 필요한 말을 하는 것까지 같은 범주로 싸잡아 비난하는 행동은 피해야 하지 않을까?

습관처럼 '꼰대 같네', '꼰대네', '꼰대 인정'이란 말을 쓸 것이 아니라, 혹시 내가 꼰대라는 부정적인 개념에 매몰되어 있는 것은 아닌지 자문해 봐야 할 것이다.

꼰대도 한때는
요즘 것들이었다

영화 〈은교〉를 보면 이런 대사가 나온다.

'너희들의 젊음이 너희 노력으로 얻은 상이 아니듯, 내 늙음도 내 잘못으로 받은 벌이 아니다.'

영화 전체를 관통하는 메시지였다. 나이가 든다는 것, 그리고 그 나이에 맞게 변해 간다는 것은 어쩌면 당연한 일인지도 모른다. 꼰대로 불리는 행동도 그 나이 듦에서 생겨나는 자연스러운 과정이 아닐까?

요즘 트렌드에 맞지 않아서, 생각이 구식이라서 등의 이유로 꼰대라고 낙인찍는 것이 가혹하다는 생각이 드는 이유다.

그들에게도 젊은 시절이 있었다. 구식이 신식이었던 시대 말이다. 불과 몇 년 전만 해도 지금의 요즘 것들 못지않은 요즘 것들이었다. 꼰대도 한때는 요즘 것들이었다.

그들도 한때는 회사의 악습과 고정관념을 깨기 위해 도전했고 권위 의식에 대항했고 합심하여 세상을 바꿀 만큼 혈기왕성했던 시절이 있었다. 그렇게 거침없던 청년들은 세월이 지나고 지켜야 할 것들이 많아지면서 점점 현실에 안주했을 것이다.

이런 속사정을 알 리 없는 이들은 꼰대라고 쉽게 비난의 목소리를 낸다. '꼰대어', '꼰대 진단', '꼰대 특징' 등의 콘텐츠를 만들어 조롱한다. 윗사람이 하는 말이나 선배가 하는 말을 무조건 꼰대가 하는 소리로 듣는 경우도 있다.

물론 '왜 그렇게 말할까?' 싶은 '꼰대어'도 분명히 있다. 하지만 대다수의 꼰대어에 가려진 의미를 이해해 보면 짠한 이유가 있다.

"나 때는 말이야…"

나 때는 그랬다. 물론 지금과는 다르다. 너희도 그러라는 것이 아니라 그때의 내 노력을 조금은 인정해 달라는, 이해해 달라는 절규에 가까운 말이기도 하다. 내가 그렇게 이겨냈듯이 '너희도 할 수 있다'라는 응원의 메시지도 담겨 있을 것이다. 그러니 뜨거운 '라떼'에는 시원한 '아 아'로 받아주면 어떨까?(기성세대가 자주 쓰는 "나 때는 말이야"를 발음이 비슷한 '라떼'로 풍자하는 것을 보고, "아 아, 그렇구나" 하고 동의하는 말을 '아이스 아메리카노'의 줄임말인 '아 아'로 비유해 봤다.)

팀장 : '라떼'는 말이야, 밤도 새우고 그랬지.

사원 : '아 아', 그러셨구나.

"내가 왕년에는…."

누구나 추억이 있다. 누구나 리즈라고 불릴 만한 시절이 있다. 지금은 아니라는 반증이기도 하다. 그러니 잠깐은 그 얘기를 들어 보자. 여기에 동정심 한 스푼 얹어서 공감해 주자.

꼰대도 한때는 요즘 것들이었다. 꼰대가 한때 요즘 것들이었다는 말을 뒤집으면 요즘 세대들도 언젠가는 꼰대가 된다. 고로 지금 내가 조롱하는 대상은 미래의 내 모습일 수도 있다.

그 사람의 자리에서 그 사람이 입고 있는 옷을 입어 보기 전까지 그 사람의 입장을 100퍼센트 이해하지 못한다. 부모가 되기 전까지는 부모의 마음을 알지 못하고, 리더가 되기 전까지 리더가 지닌 책임감의 무게를 가늠하기 어렵다. 마음으로 이해하기 어렵다면 머리로라도 이해하기 위해 노력해 보자. 그러다 보면 언젠가 마음에까지 닿지 않을까?

사랑스런 젊은 꼰대,
그대여 오라

신입사원 시절, 이해가 가지 않는 상사들의 행동을 보며 이런 생각 한 번쯤은 해 봤을 것이다.

'왜 저럴까? 나는 저러지 말아야지.'

하지만 어느덧 1, 2년이 지나고 신입사원이 들어와서 선배라는 타이틀을 달게 되면 내 안에 숨어 있던 꼰대 본능이 발동한다.

새로 들어온 신입사원의 반복되는 실수에 '더 좋은 방법이 있는데, 왜 저렇게 할까?', '좀 더 예의 바르게 행동할 수 없을까?' 하는 탄식을 다들 내뱉지 않았던가?

분위기 파악 못하고 자신의 주장을 굽히지 않는 후배의 행동에 멋지고 용기 있다는 생각보다는 '좀 더 설득력 있는 근거를 가지고 주장하면 좋을 텐데'라는 안타까운 마음이 들기도 한다.

하지만 그때마다 '꼰대'라는 족쇄가 내 입을 틀어막는다. 괜히 한소리했다가 후배들에게 꼰대로 찍힐 명분만 줄 뿐이다. 내 선한 동기가 꼰대라는 오명을 쓸 것이 분명하기 때문에 '할많하않('할 말은 많지만 하지 않겠다'를 줄여 이르는 말)' 할 뿐이다.

사람들 대부분은 자신의 행동을 '의도와 동기'로 판단한다. 하지만 다른 사람의 행동은 보이는 모습만으로 판단한다. 그래서 후배에게 아무리 좋은 의도를 가지고 건넨 한마디도 '꼰대어'로 들릴 수 있다.

"잘하고 있어", "잘했어", "잘될 거야"라며 달콤한 위로를 보내면 좋은 선배, 멘토라고 쉽게 추앙받지만 조금이라도 듣기 싫은 소리, 잔소리를 하면 꼰대라고 불릴 각오를 해야 한다.

하지만 고민하거나 눈치볼 필요는 없다. 일부러 꼰대가 되려고 노력할 필요도 없지만, 꼰대가 되지 않으려고 노력할 필요도 없다.

차라리 젊은 꼰대로 살자. 꼰대 컨베이어 벨트에 올라타자. 다만, 다른 이의 말에는 귀를 막은 채 자신의 말만 고집하는 꼰대가 아닌 새로운 꼰대가 되자.

열린 마음을 가지되 할 말은 하는 꼰대, 필요한 얘기는 해 주는 꼰대, 자신이 배우고 경험한 것을 알려 주는 꼰대가 되자는 뜻이다. '할많하않' 하지 말고, 꼭 해야 할 말이 있다면 눈치 보지 말고 속 시원하게 하고 살자.

물론 말하는 방식에 있어서는 주의할 필요가 있다. '나는 되고, 너는 안 돼' 식의 일방적인 요구가 아니라 이해와 수용을 기반으로 좀 더 세련되게 말하는 것이다.

"나는 이렇게 해 보니까 도움이 되더라."

내 생각을 이야기하고 강요하기 전에 후배의 의견을 묻고 먼저 들어주는 것은 어떨까?

"그래, 네 생각은 뭔데?"

"그래, 그렇게 생각할 수도 있어."

"해!" 혹은 "하지 마!"가 아니라 그 일을 해야 하는 이유와 의미를 설명하고 자발적인 참여를 이끌어 내는 것이 좋다.

"이렇게 하면 이런 좋은 점이 있어."

"이게 별것 아닌 것 같아도 나중에 예산 수립할 때 도움이 되거든. 지금 알아 두는 것이 좋아."

옛것이 옛것으로만 머물면 유행이 될 수 없다. 단지 레트로(추억)가 될 뿐이다. 하지만 여기에 요즘 유행하는 트렌드를 반영해서 뉴트로가 된다면, 그건 유행을 넘어선 대세가 될 수 있다. 사람도 마찬가지다.

"옛날이 좋았어", "옛날이 편했어", "그때가 그리워"라고 추억하고 회상하는 것은 술자리에서만 하자. 회사에서는 그때 그 시절을 꺼내서 지금 세대에 주입하려고 하지 말자. 가르치고 전해야 할 좋은 가치가 있다면 요즘의 트렌드와 방식을 더해 뉴트로로 전환해 보자.

돌이켜 생각해 보면 지금의 나를 성장시킨 것은 쓴소리였다. 지나고 보니 다 도움이 되는 얘기였고, 나를 더 단단하게, 더 노력하게 만들었다. 기분 좋고 달콤한 말들은 기분 전환에 도움이 되었지만, 실제로 나를 돌아보고 반성하게 만든 말들은 분명 쓴소리였다. 물론 그 전달 방식이나 표현에 있어서는 여전히 아쉬움이 남는다.

이 시대 젊은 꼰대들이 더 많이 '꼰밍아웃'하고, 그런 선배가 되어 주기를 바란다. 형식적인 위로보다 잘못된 것은 "잘못되었다"라고 분명히 말해 주는 선배가 더 많아졌으면 좋겠다. 그래서 나는 격하게 환영한다. 이 시대 젊은 꼰대들을 말이다.

유행을 창조하는 것은
레트로가 아니라 뉴트로다.
옛것의 가치에
요즘 것의 새로움을 더해
뉴트로 꼰대가
되어 보자.

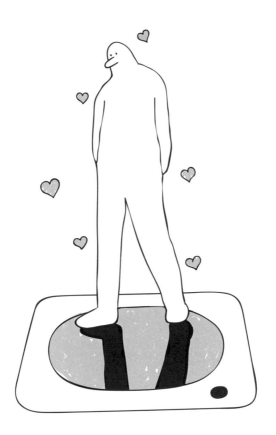

차라리 그냥
꼰대로 살자

오늘은 중요한 프레젠테이션이 있는 날이다. 왁스와 스프레이를 과다 투하해서 머리에 힘을 주고, 아껴 두었던 옷도 꺼내 입어 최대한 치장한다. 아침 허기를 달랠 커피를 텀블러에 담아 들고 기분 좋게 집을 나선다.

지하 주차장으로 내려가는 엘리베이터 안에 퍼지는 향긋한 커피 향과 거울에 비친 내 모습에 만족스러운 미소를 지어 보인다. 왠지 오늘 프레젠테이션은 성공적일 것 같다는 좋은 기분에 휩싸일 무렵 '띵동' 소리와 함께 8층에서 엘리베이터 문이 열렸다.

"싫어, 싫단 말이야. 안 갈 거야!"

어린이집에 가기 싫어서 목청껏 울고 있는 꼬마와 어떻게든 아이를 어린이집에 보내고 출근하려는 엄마가 엘리베이터 안으로 들어섰다.

"자꾸 울면 이 무서운 아저씨가 '이놈' 한다? 혼나고 싶지 않으면 어서 뚝 그쳐야지."

엄마는 아이에게 엄포를 놓으며 나에게 눈빛으로 SOS 신호를 보낸다.

'무서운 아저씨라니? 누구? 나?'

당황스러움과 의문이 풀리기도 전에 꼬마의 엄마는 다시 한 번 다급히 나를 올려다보며 눈짓을 보내온다.

'응? 아이를 혼내달라는 건가? 무서운 표정을 지어달라는 얘기인가?'

나도 아이를 키우는 입장이라 같은 부모로서 도움을 외면하지 못했다. 나지막이 아이를 향해 한마디를 날려 본다. 강하지만 최대한 부드럽게….

"이놈!"

아이는 내 목소리를 듣고는 울음을 뚝 그치더니 엘리베이터 문이 열리자마자 쏜살같이 내려 버리는 것이었다. 그렇게 꼬마와 엄마가 사라지고, 나는 왠지 모를 찜찜한 기분이 들었다.

'내 말 한마디로 울음을 뚝 그친 꼬마의 눈에 내 모습이 어떻게 비쳤을까? 꼰대 같지는 않았을까?'

여섯 살 남짓의 아이가 꼰대라는 단어를 알 리는 없었지만,

아이에게 했던 한마디로 15년 동안 몸담았던 직장생활이 떠올랐다.

당시 나는 꼰대가 되지 않기 위해 노력하는 파트장이었고, 그럼에도 불구하고 나를 꼰대로 대하는 파트원들이 있었다.

파트의 성과를 책임지기 위해 일하면서 누구보다 파트원들의 성장을 응원하고 배려하려고 했지만, 파트원들에게 싫은 소리 한 번으로, 옛날이야기 한 번으로 다시 꼰대 취급을 받고 말았다.

'이 땅의 상사들이 꼰대로 치부 받는 세상이 과연 정당할까? 꼰대의 부정적인 외연이 지나치게 확대된 것은 아닐까? 꼰대의 좋은 의미는 하나도 없는 것일까?'라는 생각들로 복잡해질 무렵 내 차는 아파트 지하 주차장을 서서히 빠져나왔다. 어두운 지하 주차장에서 나와 아침 햇살이 밝게 비추는 도로로 나아가면서 내 복잡한 생각도 슬며시 사라져 갔다.

"그래, 그냥 꼰대로 살자!"

대한민국에서 꼰대라고 불려도 "그래, 나 꼰대야"라고 당당하게 말하는 그날이 올 때까지 내가 쓰는 글들이 위로와 희망이 되길 간절히 바라본다.

'꼰밍아웃'하고
할 말은 좀 하고 살자

나는 지독한 곱슬머리다. 비가 내리는 날이면 외출하기 겁이 난다. 그야말로 곱슬머리가 '물 만난 날'이기 때문이다. 머리카락이 푸석거리고 곱슬곱슬함이 이루 말할 수 없다. 아마 곱슬머리인 사람은 내 마음을 이해할 수 있으리라.

사춘기부터 곱슬머리는 나의 콤플렉스였다. 누군가가 내 머리카락을 가리키며 "너 곱슬머리야?"라고 할까 봐 매번 드라이에 공을 들이고, 가장 하드한 왁스와 스프레이로 중무장했다.

하지만 어느 정도 나이가 들고 나서는 이런 시선에도 조금씩 무뎌졌다. 이제는 나에게 누군가가 "곱슬머리세요?"라고 물어보면 무심함 반, 농담 반을 섞어서 받아친다.

"네. 심한 곱슬머리예요. 컬 예쁘죠?"

이제 더 이상 곱슬머리는 내게 콤플렉스가 아니다. 오히려 쉽게 인정하고 당당하게 드러내자 곱슬머리는 내 특징이 되었다.

30대 초반부터 가발에 의지하기 시작한 선배가 있다. 선배는 혹여나 '가발이 돌아가지는 않았을까?', '어색한 게 티가 나지 않을까?' 하는 걱정이 이만저만이 아니었다. 처음에는 나도 장난기가 발동하여 그를 '발아형'이라고 놀리곤 했는데, 이 선배는 될 대로 돼라는 자포자기의 심정으로 자신의 머리 사정을 편하게 이야기하기 시작했다. 이제는 대놓고 가발 전문가가 되어서는 가발 예찬론을 늘어놓기도 한다. 그 선배는 더 이상 가발 때문에 전전긍긍하지 않는다. 오히려 웃음으로, 자연스러움으로 넘겨 버리고 만다.

그렇다. 생각보다 사람들은 내게 관심이 적다. 단지 나에 대해 떠드는 것을 좋아할 뿐이다. 다들 자신의 일로 머릿속이 터져 나갈 것 같은 사람들이다. '다른 사람들이 나를 어떻게 생각할까?', '이상하게 생각하면 어쩌지?' 하는 걱정은 사치에 불과하다. 내가 밤잠을 설치며 고민하고, 이불 킥을 백만 번 날릴 것 같은 부끄러운 일도 남에게는 그저 커피숍에서 '아메리카노를 마실까, 주스를 마실까?' 하는 고민 정도밖에 되지 않는다.

세상 사람들이 꼰대는 나쁜 사람, 꼰대 방지, 꼰대 탈출, 꼰대가 되지 않는 법 등을 말한다. 이런 분위기에서는 세월이 지나고, 경험이 쌓이면서 자연스럽게 생기는 경험치를 드러내는 게 두려워진다. 꼰대 같아 보일까 봐 걱정스럽기 때문이다.

'이런 얘기를 했다가 내가 꼰대처럼 보이면 어쩌지?' 두려워하며 해야 할 말을 참고 숨기기보다 할 말은 하며 "내가 좀 꼰대라서 말이야" 하고 웃어넘기면 어떨까? 내가 시원하게 인정하는 대신 나답게 행동한다면 그것은 부끄러운 꼰대가 아니다. 당당하고 소신 있는 나일 수 있다.

꼰대가 될까 봐 두려울 땐, 오히려 먼저 '꼰밍아웃'하고 소신 있게 자신의 생각을 말해 보자. 이제 할 말은 좀 하고 살자.

할 말은
좀 하고 살자.

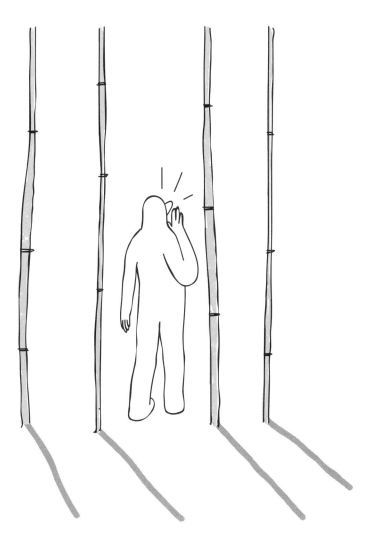

따끈 따끈
따뜻한 꼰대가 왔어요

요즘 내 생활을 한마디로 요약하면 '팔도 유랑단'이다. 강의를 하면서 전국 방방곡곡 안 가는 곳이 없기 때문이다. 서울에서 머무는 시간이 가장 적을 정도다. 제주도에서 2주 살기도 해 봤고 보성, 보령, 군산, 나주, 포항 등 생전 처음 가 보는 도시도 가게 됐다. 새로운 경험을 할 수 있어서 나름의 소득이라고 생각한다.

또 하나 소득이 있다면 온전히 나를 위한 시간이 많아졌다는 것이다. 지방에서 하는 교육의 경우 대부분 1박 2일 일정으로 진행하기 때문에 어쩔 수 없이 공식적인(?) 외박의 기회가 주어진다.

기차나 버스 등으로 장거리 이동을 하면서 보내는 시간은 일을 하러 간다는 마음보다는 어디론가 여행을 떠나는 것 같은 설렘을 준다.

SRT를 타고 여유와 힐링을 만끽하며 나주로 향하고 있었을 때의 일이다. 어디선가 산통을 깨는 전화벨 소리가 울렸다.

"따르릉따르릉, 내가 네 남자야~." 노래방에서 들으면 분명 흥겨웠을 테지만, 조용한 기차에서 들려오는 멜로디는 방정맞기 그지없었다.

여기까지는 참을 수 있다. 누구나 깜박하고 공공장소에서도 진동으로 바꾸지 않는 실수를 할 수 있다. 그런데 전화벨의 주인공인 이분의 실례는 여기서 그치지 않았다.

무려 10분간 큰소리로 이어진 통화도 모자라서 어디론가 다시 전화를 걸더니 다시 큰소리를 쏟아냈다. 돈 500만 원이 문제가 된 모양이었다. 하지만 이 자리에 함께 앉은 사람들이 알아야 할 이유도, 들을 이유도 없는 얘기였다.

그때였다. 근처에 앉아 있던 40대 후반쯤 되는 아저씨가 한소리했다.

"거참 통화는 좀 나가서 하세요. 조용히나 하시든가."

딱 보니 자다 깬 표정인데 '말 좀 부드럽게 하시지'라는 걱정이 들 찰나, 통화를 하던 사람의 입에서 험한 말이 튀어나왔다.

"아니, 당신이 뭔데 나더러 이래라 저래라야."

더 이상의 상황 설명은 하지 않아도 알 것이다. "미안하다"

라는 말 한마디면 끝났을 일이 결국 싸움으로 번지고 말았다.

이분의 행동을 보면서 묘하게 누군가와 닮았다는 생각이 들었다. 바로 진짜 꼰대의 모습이었다. 그의 행동에서 발견한 꼰대에게 없는 네 가지를 적어 본다.

첫째, 배려심이 없다.

인간은 누구나 자기중심적이다. 자신의 경험 안에서 판단하고 생각한다. 하지만 꼰대는 딱 그 안에서만 생각하고, 상대방의 입장에서 생각하는 장치를 잃어버렸다. '저 사람 입장은 어떨까?', '저 사람의 기분은 어떨까?'라는 질문을 잊어버리고 산다. 나만 좋으면 그만이고, 나만 편하면 그만이다.

둘째, 수용력이 없다.

약육강식의 세상에서 치열하게 살다 보면 배려심을 잊고 지낼 수도 있다. 배려하는 법을 배우지 못했을 수도 있고, 주변에서 뭐라고 하지 않으니 잘 모를 수 있다. 하지만 문제는 주변에서 피드백을 주었음에도 불구하고 듣지 않는다는 것이다. 크게 세 가지 유형으로 분류된다.

- 듣지 않는다. → 대놓고 꼰대
- 듣는 척하지만 속으로는 인정하지 않는다. → 은밀한 꼰대

○ 듣고 인정하지만 변하지 않는다. → 게으른 꼰대

셋째, 인간미가 없다.

나에게 인간적인 사람을 한마디로 정의하라고 한다면 나는 주저하지 않고 이렇게 대답할 것이다. 미안할 때 미안하다고 말하고, 고마울 때 고맙다고 말하는 사람.

어쩌면 너무나 당연한 말인데 점점 그 쓰임도 의미도 사라져 가고 있는 말이 '고맙다'와 '미안하다'이다.

상대방의 배려나 도움을 당연하게 생각하고, 내가 실수한 것이나 잘못한 것은 어쩔 수 없다고 생각한다. 괜한 자존심이 앞을 가려 그 말이 나가는 것을 막을 때도 있다. 더 큰 문제는 겉으로 나가는 말보다 안에 품는 마음이다. 사람에게 고맙고 미안한 마음을 가지지 않는 것, 이게 더 큰 문제다.

넷째, 센스가 없다.

센스는 정의하기에 따라 다를 수 있지만, 결국 상황 파악 능력이다. 내가 한 말과 행동이 미치는 영향을 생각하고, 말과 행동을 하기 전에 한 번 더 생각하고 행동하는 마음이다. 같은 행동이라도 상황에 따라 참이 되기도 하고, 거짓이 되기도 한다. 전자를 센스 있다고 하고 후자를 센스 없다고 한다.

아인슈타인은 일찍이 이런 말을 한 적이 있다.

If I had only 1 hour to save the world, I would spend 55 minutes defining the problem and only 5 minutes finding the solution.

나에게 세상을 구할 시간이 1시간밖에 남지 않았다면, 나는 55분의 시간을 문제를 찾는 데 쓰고, 나머지 5분을 해결책을 찾는 데 쓸 것이다.

문제를 해결하는 것보다 제대로 발견하고 정확하게 정의하는 것의 중요성을 강조한 말이다. 나는 여기에 '따뜻한 꼰대'가 될 수 있는 해법이 있다고 믿는다.

'따꼰따꼰한' 따뜻한 꼰대에게 필요한 네 가지 마음

- 내 입장과 이익보다 상대방을 배려하는 마음
- 상대방의 의견을 수용하고 실천하는 마음
- 자존심을 내려놓고, 사람에 대한 미안하고 고마운 마음
- 내가 한 말과 행동이 미치는 영향을 고려하는 마음

아침 기운이 제법 차다. 따끈따끈한 호빵과 어묵 국물이 생

각나는 계절이다. 추울 때 호빵 한 입, 어묵 국물 한 모금에 얼었던 몸이 사르르 녹아내린다. 호빵과 어묵 국물이 몸을 녹이듯이 따뜻한 꼰대가 사람냄새 나고, 인간적이고, 상호 존중하는 회사를 만들고 얼어붙은 직장인들의 마음을 녹이길 기대한다. 다음 장부터는 '따뜻한 꼰대'가 될 수 있는 몇 가지 방법을 소개해 보고자 한다.

Part 2 ○

따끈 따끈 따뜻한 꼰대가 왔어요

'따뜻한 꼰대'는
빼기의 기술에서 시작된다

세상에 '사랑'이란 단어만큼 정의하기 어려운 단어가 있을까?
특히 남녀 간의 사랑은 복잡하고 미묘해서 한마디로 정의하기
가 쉽지 않다.

어느 날 TV 프로그램에서 사랑에 대해 이렇게 정의하는 것
을 들었다.

"사랑이란, 상대방이 원치 않는 행동을 하지 않는 것이다."

상대방이 원하는 걸 더 해 주는 것이 아니라 원치 않는 것
을 하지 않는 것이 사랑이라니. 대단한 역설이 아닐 수 없다.

그동안 좋은 선배, 좋은 리더가 되려면 무엇을 더 해야 할
까 고민했다. 리더의 조건이나 좋은 리더가 되는 법 등을 익히

며 'To do list'를 공부하고 따라 했지만, 'Not to do list'에 대해서는 생각해 보지 않았다.

사랑의 정의가 "상대방이 원치 않는 행동을 하지 않는 것"인 것처럼 어쩌면 꼰대가 되지 않기 위해 필요한 것은 '더하기의 기술'이 아니라 '빼기의 기술'인지도 모른다.

그렇다면 따뜻한 꼰대가 되기 위해 무엇을 빼야 할까?

1. 불분명한 업무 지시

"그거 좀 가져와요."

"설명 안 해도 무슨 말인지 알죠?"

"알아서 좀 해 와요."

도대체 그게 뭐고, 뭘 알아서 하라는 것인지, 감을 못 잡을 때가 많다. 명확하고 구체적으로 지시하면 좋으련만 모호하고 어렵기만 하다. 이렇게 지시하는 것은 어느 정도 '지식의 저주 curse of knowledge'와 관련되어 있다. 내가 알고 있는 것을 상대방도 알고 있을 것이라는 착각, 묻지 않아도 내 생각과 같을 것이라는 착각 말이다.

재미있는 사례가 있다. 어떤 상사가 장례식장에 가기 전에 직원에게 '부의(賻儀) 봉투'를 가져다 달라고 했더니, 그 지시를 받은 직원이 봉투에 '브이 자'를 써서 가져왔다고 한다. 정확하지 못한 지시로 인해 장례식장에서 '승리의 브이'를 날릴 뻔한 일이 벌어진 것이다. 이 이야기는 단순히 웃고 넘길 일만은 아니다.

업무 지시는 구체적이고 명확해야 한다. 서로 다른 해석이 가능하거나 오해의 여지가 있으면 안 된다. 극단적으로 이야기해서 업무 지시는 중학생도 알아들을 수 있을 정도로 쉽고 구체적으로 하는 것이 좋다. 업무의 유형에 따라 다를 수도 있지만, 아래 세 가지를 정확하게 확인하고 지시하는 것으로 좀 더 나은 결과를 기대할 수 있다.

⑴ 목적 및 목표 : 이 일을 '왜' 해야 하는지, 일의 수준과 아웃풋 형태를 설명한다.

⑵ 업무 범주 및 핵심 과제 : 그 일이 일의 전체에서 어디에 해당하는지, 구체적으로 무엇을 어떻게 해야 하는지 개략적인 방법을 알려 준다.

⑶ 기대 사항 표명 : 업무에서 기대하는 바와 언제까지 어떤 형태로 보고해야 하는지 명확하게 지정해 준다.

2. 자꾸 바뀌는 지시 내용

업무 지시를 불분명하게 하는 것도 문제지만, 더 큰 문제는 처음의 지시 사항을 중간중간 바꾸는 것이다. 자신이 제대로 기억하지 못하는 것을 우기거나 감 혹은 기분에 따라 의사 결정 기준을 바꾸고 일정을 자신의 업무 스케줄에 따라 마음대로 변경하는 것은 주의해야 한다.

> 팀장 : 제가 언제 이렇게 해 오라고 했죠?
> 직원 : 분명 팀장님께서 그렇게 하라고….

> 팀장 : 김 주임, 그 기획안 내일까지 되겠어요?
> 주임 : 그거 다음 주까지라고 말씀하지 않으셨어요?

메모는 일을 지시 받는 사람에게만 필요한 것이 아니다. 지시하는 사람도 내가 어떤 일을, 어떻게, 언제까지 하라고 지시했는지 메모해 두는 습관이 필요하다.

물론 일을 진행하다 보면 변화가 불가피하거나 윗사람의 의견이 개입하는 경우도 있다. 불가피한 경우라면 직원에게 그렇게 된 이유를 알리고 동의를 구하는 편이 좋다. 최대한 일관성을 지키려는 노력이 중요하지만, 불가피하다면 그렇게 할 수밖에 없는 이유를 명확히 설명하고, 공감을 유도하자.

3. 결과만 가지고 판단하는 것

결과와 성과로 평가받는 것이 회사가 굴러가는 이치에 맞을 수도 있다.

하지만 아직 성장하는 과정에 있는 후배의 일 처리를 눈에 보이는 결과로만 판단한다면, 그의 노력과 열정까지 부정하는 꼴이 될 수도 있다. 결과는 정확하게 따지되 과정만큼은 인정해야 한다. 그 정도 관용은 인간미로 남겨 두자.

"이거밖에 안 돼?", "네가 그럼 그렇지"라는 말보단 왜 그렇게 했는지 그 이유를 들어 보는 것도 좋다. 거기엔 그럴 만한 이유가 있었을 수도 있고, 때론 이런 과정을 통해 생각지도 못한 더 좋은 결과를 만들어 내는 경우도 있다.

4. 책임 회피

일을 하다 보면 일이 잘 안 풀릴 때가 있다. 특히 나의 잘못된 판단으로 벌어진 일일 경우엔 빠른 인정과 사과가 필요하다.

한국인이 제일 못하는 말이 "잘못했습니다", "잘 모르겠습니다", "미안합니다"라고 한다. 모두 자존심과 관련된 말들이다.

특히 아랫사람 앞에서 체면 구기는 것을 극도로 꺼리는 한국인들의 특성상 "내가 잘못 지시했네", "내가 잘못 판단했네", "내가 책임질게" 등의 말은 입 밖으로 안 나오고 자꾸만 목구멍으로 넘어간다. 잠깐의 부끄러움을 피하고자 평생 욕먹을 짓은 하지 말자. 그 말 한마디로 오히려 인간미 있는 사람이 될 수 있다.

드라마 〈미생〉에 "어른이 된다는 건 자기 입으로 어른이라고 떠들어서 되는 게 아니다. 어른으로서 해야 할 일을 꼭 하게 되면 어른이 된다"라는 대사가 나온다.

꼰대가 되지 않으려면 내 입으로 "나는 꼰대가 아니야"라고 떠드는 게 아니라, 꼰대가 하는 행동을 하지 않는 것부터 시작해야 하지 않을까 생각해 본다.

싸움의 기술,
칭찬의 기술

직장생활을 할 때 나의 팀장은 칭찬에 매우 인색했다. 웬만한 일에는 "잘했다"라는 말을 하지 않았다. 심지어 그 흔한 "수고했다"라는 말도 아끼고 아꼈다. 그 이유가 궁금했다. 어느 날인가, 회식 자리에서 단도직입적으로 물어봤다.

"팀장님은 왜 직원들 칭찬을 안 하세요?"

"난 원래 그런 거 잘 못해. 칭찬을 꼭 말로 해야 하나? 허허…."

'허허' 하고 웃었지만, 그 말 뒤에는 앞으로도 칭찬에 인색할 예정이라는 의미도 담겨 있었다.

칭찬에 인색한 것은 비단 그만의 문제가 아니다. 이 시대

리더들에게 어느 정도 공통으로 발견되는 현상이다.

리더들이 칭찬을 잘하지 못하는 데는 몇 가지 이유가 있다. 칭찬하는 것이 어색해서, 칭찬해 본 적이 없어서, 칭찬하면 자만할까 봐, 도무지 칭찬할 만한 일이 없어서 등이다. 본인의 성격 탓일 수도 있지만 공통된 이유 중 하나는 칭찬하는 법을 모르기 때문이다.

칭찬은 직원들에게 동기 부여를 하고 능동적으로 일하게 만드는 강력한 수단이다. 그러나 무턱대고 하는 칭찬만큼 독이 되는 것도 없다. 상황과 상대에 맞는 칭찬의 기술이 필요하다.

첫째, 구체적인 행동을 칭찬해야 한다.

누구나 다 할 수 있는 상투적인 말은 상대방의 기분을 잠깐은 좋게 할 수는 있지만, 입에 발린 말처럼 들리게 한다. 그러므로 칭찬하는 포인트를 정확하게 집어 줘야 한다.

예를 들어 후배가 쓴 보고서를 칭찬할 때 "이번 보고서 좋네"라는 칭찬보다는 "기획의 콘셉트가 확실해서 좋다", "중장기적 대응 방안이 새롭다", "실행 계획이 현실적인걸?" 등 구체적으로 칭찬할 포인트를 잡아야 더 효과적이다.

이렇게 칭찬하면 칭찬을 받는 사람은 '내 기획안을 꼼꼼하게 읽어 보고 하는 말이구나'라고 생각해서 그 칭찬을 신뢰하게 된다. 진정성 없이 던지는 칭찬보다는 무엇이 좋은지, 무엇을 잘했는지 구체적으로 칭찬하자.

둘째, 칭찬은 사람에게 하는 것이 좋다.

카메라 등을 만드는 디지털 기기 업체에서 근무하던 시절, 친구네 가족들과 어울려서 여행을 가면 사진 찍는 일은 언제나 내 몫이었다.

지인들은 내가 찍어준 사진을 보고는 "이야, 사진 좋다. 얼마짜리 카메라로 찍은 거야?"라고 묻고는 했다. 물론 카메라가 좋아서 사진이 잘 나왔을 수도 있지만, 사진을 잘 찍고 싶은 노력과 열정이 더 좋은 사진을 만든다. 지인들의 칭찬이 그 열정과 노력 대신 카메라의 기종에 쏠리면 못내 서운했다.

이처럼 칭찬은 사람에게 하는 것이 더 효과적이다. 그런 의미에서 "옷이 예쁘네"보다 "옷이 잘 어울리네"가 더 좋은 칭찬이다. "옷이 예쁘네"라는 칭찬은 옷을 만든 사람을 칭찬하는 것이다. 그 옷을 선택하고 그 옷을 입어서 잘 어울리는 사람을 칭찬하는 것이 더 의미 있는 칭찬이다.

셋째, 결과보다 과정을 칭찬하는 것이 효과적이다.

구체적인 칭찬이나 사람에 대한 칭찬보다 더 중요한 것은 눈에 보이지 않는 노력을 칭찬하는 것이다. 어떤 성공이나 성취, 일의 결과에 대한 칭찬도 중요하지만, 그것을 이루기 위한 그 사람의 노력과 수고를 칭찬할 줄 알아야 한다. 눈에 보이는 것 이면의 것을 인정하고 알아보는 기술이 진정한 고수의 칭찬법이라고 생각한다.

여기에 덧붙여서 지금까지의 노력과 성과에 대한 인정 외에 앞으로의 기대까지 담으면 그 효과가 배가 될 수 있다. 칭찬이 지속적인 힘을 가지게 만드는 것이다.

"지금도 잘하고 있지만 앞으로 더 잘할 거라 믿는다."

"보고가 설득력 있네. 보고 자료도 기대된다."

넷째, 때로는 제3자를 통한 칭찬이 더 효과적이다.

김 사원을 칭찬할 일이 있을 때, 김 사원이 아닌 박 대리에게 김 사원에게 칭찬하는 방식이다. 그렇게 하면 그 칭찬은 언젠가 다시 김 사원의 귀에 들어가게 되어 있다.

박 대리 : 팀장님이 그러시는데, 이번 행사 진행 꼼꼼하게 잘했다면서요?

김 사원 : 진짜요? 팀장님이 그렇게 말씀하셨어요?

직접 들은 칭찬도 기분 좋지만, 제3자에게 전해 들은 칭찬은 왠지 더 진정성 있게 느껴진다. 칭찬의 효과도 배가 된다.

다섯째, 칭찬 이전에 마음이 더 중요하다.

사실 이번 챕터의 제목은 영화 〈싸움의 기술〉에서 빌려 왔다. 찌질이 고등학생이 은둔 고수에게 싸움의 기술을 배워서 최강의 싸움꾼이 된다는 내용이다.

비록 그 영화는 흥행에 성공하지 못했지만, 의미 있는 메시지가 담겨 있다. 싸움을 잘하기 위해서는 여러 기술이 필요하지만, 결국 가장 중요한 것은 기술보다 마음가짐이라는 것이다. 내 안의 '두려움'을 걷어 내는 것만으로 싸움을 잘할 수 있다는 깨달음을 전한다.

　　칭찬도 마찬가지다. 칭찬의 기술을 익히고 활용하는 것도 중요하지만, 그것보다 더 중요한 것은 칭찬하고자 하는 마음이다. 그 마음은 결국 상대의 좋은 점을 발견하는 것에서 시작한다.

'할많하않'하지 말고
제대로 피드백 하자

괜히 기분이 좋아지는 금요일 저녁, 족발에 소주 한잔이 생각나는 밤이었다. 단골집이 있었지만 그날따라 새로운 곳에 도전하고 싶은 욕구가 샘솟았다.

그래! 도전이다. 그래도 소중한 한 끼를 허투루 날릴 수 없기에 배달 앱의 리뷰를 꼼꼼하게 확인하고 설레는 마음으로 주문을 눌렀다.

이윽고 족발이 도착했다. 기대를 한가득 안고, 서둘러 포장을 풀어 족발 한 점을 잽싸게 입에 넣었다.

'아…!'

맛집을 검색하고 리뷰를 살펴본 시간의 투자와 노력이 물

거품이 되는 순간이었다. 퍽퍽함은 기본이요, 잡내도 심했다. 특히 리뷰어들이 그렇게 맛있다고 극찬하던 막국수가 최악이었다. 같이 먹던 아내도, '족발 킬러' 딸아이도 몇 점 먹더니 젓가락을 내려놓았다.

결국 반 이상을 남기고 말았다. 살짝 기분이 상해서 아내에게 "이거 후기를 남겨야 할 것 같은데?"라고 말하며, 핸드폰을 켰다. 그러자 아내가 "에이 그냥 둬. 장사하시는 분인데 괜히 피해를 끼치지는 말자"라며 만류했다.

아내의 말에도 일리가 있어서 후기를 남기지 않았지만 못내 찜찜했다. 분명 나 같이 모르고 시키는 사람이 또 생길 텐데, 결과적으로 내가 말을 아끼는 것이 사장에게도 득이 될 것이 없어보였다. 그리고 이 생각은 후배를 대하는 상황으로 옮겨갔다.

나도 그랬고, 선후배들도 그랬지만 사실 누군가에게 부정적인 피드백을 하기가 쉽지 않다. 한두 번 볼 사이도 아닌데 괜히 기분 나쁘게 하고 싶지 않아서 되도록 부정적인 말은 아끼게된다.

물론 성질대로, 입에서 나오는 대로 막말을 쏟아내는 사람들도 있지만, 많은 사람이 대부분 부정적인 말은 숨긴다. '좋은게 좋은 거지' 하고 넘어간다.

사실 그런 행동은 당사자에게 도움이 되지 않는다. 잠깐 힘들고, 민망하고, 불편해도 그 순간을 넘기지 말고 요령 있게 피드백을 해 주는 것이 좋다. 이럴 때 활용하면 좋을 '오삼 법칙'을 소개해 본다.

첫 번째오. '이리, 오너라' 하고 시작한다

부정적인 피드백은 가급적 따로 불러 이야기하는 것이 좋다.

인간은 누구나 존중받고 싶은 욕구가 있다. 매슬로우의 인간 욕구 이론에 따르면 '존중받고 싶은 욕구'는 높은 수준의 욕구에 해당한다. 그만큼 만족시키기 어렵지만, 충족되면 행복감이 매우 크다.

하지만 반대로 이 존중의 욕구가 무너진다면 참을 수 없이 괴로워한다. 특히 회사에서 이런 일들이 빈번하게 일어난다. 내 실수나 잘못이 만천하에 공개되는 상황이 생기기 때문이다. 상사가 따로 불러서 얘기하면 좋으련만, 회의 시간에 혹은 사무실 한복판에서 모두 들으라는 듯이 공개처형을 단행한다. 처형 당사자는 만인이 지켜보는 가운데 단두대에 오르는 비참한 기분을 맛보게 된다.

꼭 그렇게 해야 할 필요가 있을까? 최소한의 자존심만큼은 지켜 주자.

두 번째오. '오답일 수도 있어'라고 생각하고 이야기한다

내 생각을 강요하지 않는다. 내가 살아온 경험에 비춰서 "이게 정답이니까 이렇게 해"라고 하지 말자. 피드백은 사실과 근거에 기반해서 구체적으로 하되, 결론은 열어두는 것이 좋다.

살아온 시대가 다르고 사람마다 생각이 다른데, 한 가지 방법만이 정답일 수 없다. 정답은 스스로 찾아야 한다. 마침표나 느낌표로 마무리하는 것이 아니라 물음표로 열어 두자. "너는 이렇게 해. 너는 이게 문제야"라고 상대방을 향해 손가락을 겨누기 전에 내 생각이나 경험을 이야기하고, 상대방에게 열린 질문을 던지는 방식이다.

"나는 이렇게 하니까 효과가 있던데, 어떻게 생각해요?"

"나라면 이렇게 했을 것 같아요. 어떻게 보완할 계획이에요?"

같은 말이라도 '!'를 받아들이는 마음과 '?'를 받아들이는 마음에는 차이가 있다. 남이 정해 준 답이 아니라 스스로 정한 답은 개선 의지나 실행력을 높인다.

세 번째 오. '오~ 하는 날이 올 거야' 하며 마무리한다

피드백을 할 때는 기대 사항을 같이 표명한다. '칭찬'은 고래도 춤추게 하지만, '기대'는 고래를 날게 할 수 있다. '나에게 기대하고 있구나', '내가 잘되기를 바라는구나'라는 생각은 더 자발적으로 일하게 한다. "넌 뭘 해도 안 돼", "네가 하는 게 그렇지"가 아니라 "지금 부족해도 이것만 고치면, 이런 방법을 시도해 보면 너는 잘될 거야"라는 따뜻한 위로와 진정성 있는 기대가 B급 사원을 A급으로 바꿔 놓는다.

다시 족발 이야기로 돌아가 보자. 별거 아닌 것 같은 이 고민을 친구에게 이야기했다. 반갑게도 친구 또한 음식을 시켜 먹으면서 같은 고민을 한 적이 있다고 한다. 나처럼 주민들의 알 권리를 보장할 것인지, 사장의 살 권리를 보장할 것인지 고민에 빠진 상황이었다. 그때 알게 된 기가 막힌 팁을 줬다.

"댓글 기능을 잘 보면 사장님에게만 보이게 쓸 수 있는 기능이 있어."

"아, 그래?"

한 치의 망설임도 없이 다시 배달 앱을 열었다. '사장님 혼자 보기' 박스에 체크하고, 댓글을 달았다. 진정성을 담아 그 족발 집이 잘되기를 바라는 마음으로 자판을 두드렸다. 물론 사장이 받아들일지는 모르겠다. 나는 그저 한 명의 고객으로서 좀 더 좋은 족발이 세상에 나오기를 바라는 마음을 담아 꼭 해야 할 말을 했다는 것에 만족했다.

'할많하않'이라는 말이 유행이다. 그러나 피드백의 상황에서는 '할 말이 많지만 하지 않겠다'보다 '할 말이 많으면 제대로 한다'가 좋다. 그것이 나도 살고, 상대도 살리는 길이다.

때론 해결보다
위로와 공감을

여기 어떤 신혼부부가 있다. 초보 운전인 아내가 홀로 차를 몰다가 사고를 냈다. 그녀는 다급한 마음에 일단 남편에게 전화를 건다. 수화기 너머로 남편의 놀란 목소리가 들려온다.

"괜찮아? 어디 다친 곳 없어? 괜찮아. 그럼 됐어. 당황하지 말고, 일단 보험회사 불러. 나도 곧 갈게."

언뜻 보면 남편의 반응이 당연해 보이지만, 결혼 10년 차가 지나면 이런 상황이 연출되기 쉽지 않다. 일단 말의 순서가 바뀐다. 아니 '말'이 아니라 '짜증'이 먼저 날아든다.

결혼 10년 차 아내가 홀로 차를 몰고 가던 길에 사고를 냈다. 할 수 없이(?) 남편에게 전화를 걸었더니 아니나 다를까 수

화기 너머로 남편의 짜증 섞인 목소리가 들려온다.

"아 진짜야? 누가 박았어? 어떤 차야? 혹시 벤츠를 박은 거는 아니지? 뒤에서 박은 거면 100퍼센트인데. 조심 좀 하지 그랬어."

사람을 걱정하기보다는 문제를 먼저 보고 해결하기 바쁘다. 세상에 이런 사람이 진짜 있을까 싶겠지만 뜨끔하며 공감하는 사람도 많을 것이다.

일단 아내가 스스로 전화했다는 것은 신체적으로 크게 다치진 않았다는 뜻이다. 이제 관심은 자연스레 그다음 단계로 넘어간다. 꼭 교통사고가 아니더라도, 어떤 문제 상황이 벌어지면 문제를 해결하는 것에 마음이 집중된다. 그 사람의 입장에서 생각하기보다 먼저 문제 상황에 꽂히고 해결을 고민한다.

이런 상황은 회사에서 리더들이 종종 저지르는 실수와 묘하게 닮아 있다. 일을 하다 보면 누구나 실수를 저지른다. 이때 많은 리더가 다음과 같이 반응한다.

"그래서 누가 잘못한 거야? 누가 책임질 건데? 해결은 가능하겠어?"

걱정이 앞서고, 책임질 것이 두렵다. 잘못을 저지르거나 실수를 한 직원의 마음은 안중에도 없다. 두렵고 불안해할 직원보다 문제 해결에 급급하다.

충분히 그럴 수 있다. 리더는 책임지는 자리에 있기 때문에 직원의 실수가 못마땅하고, 화부터 날 수도 있다. 그렇기 때문에 문제 해결이라는 현실적인 부분을 따지는 것도 당연하다.

그렇다고 해서 위로와 공감을 생략하고, 잘못에 대한 책임 추궁에 집중한다면 직원의 마음을 얻을 수 없다. 자책으로 얼룩진 직원의 마음은 흉이 진 채 리더와 영영 멀어질 것이다.

이럴 땐 잘잘못과 문제 해결을 떠나 직원의 마음을 먼저 챙겨주면 어떨까? 생각보다 직원의 마음을 지키는 방법은 어렵지 않다. 한마디면 충분하다. 5초만 투자하면 된다.

"많이 힘들었겠다. 늦지 않게 말해 줘서 고맙다."

"나도 그런 실수를 한 적 있어. 누구나 다 실수해. 내가 도와줄게."

우선 이렇게 말해 놓고, 그다음에 머리를 맞대고 해결책을 고민하자. 직원의 마음을 지키고, 함께 머리를 맞대서 해결책을 찾는다면 해내지 못할 일도 없을 것이다. 그리고 내가 지켜 준 직원의 마음은 언젠가 몇 배로 돌아온다. 마음의 빚에 대한 보답은 생각보다 크다.

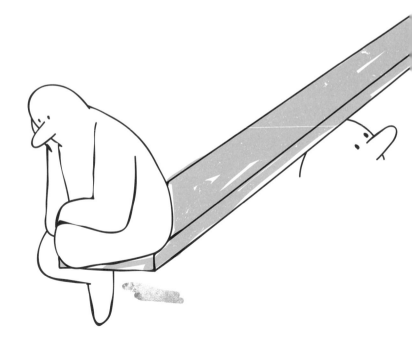

언제나 사람이 먼저다.
문제를 해결 이전에
위로와 공감으로
사람을 먼저 챙기자.

나는 강요하는 걸까,
권유하는 걸까?

세상에는 애매한 것들이 많다. 예전에도 그랬지만 나이가 들고 세상을 좀 더 알아갈수록 애매한 것들은 더 많아진다.

'부모님께 용돈을 얼마나 드리면 좋을까?'

'친한 친구의 결혼식에는 축의금을 얼마나 해야 할까?'

특히 사람 사이의 관계나 감정이 얽혀 있을 경우 이 애매함은 더 커진다. 요즘 들어 가장 애매함을 느끼고, 고민하는 부분은 '권유'와 '강요' 사이의 애매함이다. 어디까지가 권유이고, 어디부터가 강요인지 애매할 때가 많기 때문이다.

물론 나에게 권유를 하는 사람의 입장에서 보면 내가 잘되기를 바라고, 나를 위한 경우가 많다. 본인이 이미 경험해 본 바

좋아서 그러는 경우가 대부분이다. 그 선한 마음을 기준으로 판단하면 분명 권유가 맞다. 하지만 받아들이는 입장에서는 때론 그 선한 의도에서 시작된 권유도 강요로 느껴질 때가 많은 것도 사실이다.

특히 어느 정도 나이가 들면 나름의 경험으로 생긴 가치관이나 판단 기준이 견고해져서 나와 다른 생각이나 의견을 받아들이기가 쉽지 않다. 바로 이 지점에서 권유와 강요의 동상이몽이 시작된다. 서로의 인식 차이에서 강요와 권유의 갈림길이 만들어지는 것이다.

최근 지인에게 들은 이야기 중에 이런 인식 차이를 극명하게 보여주는 사례가 있다. 20여 명 남짓한 광고 회사에 다니는 친한 선배의 이야기인데, 이 선배 회사의 사장은 등산 마니아였다. 사실 여기까지 이야기해도, 그다음 상황을 쉽게 예측할 수 있을 것이다.

이 회사는 한 달에 한 번 산에서 워크숍이자 단합 대회를 연다고 했다. 그것도 토요일에 말이다. 초기에는 수도권에 있는 산으로, 당일 치기로만 진행하던 것이 점차 전국에 있는 산으로 확대되었다. 최근에는 한라산까지 다녀왔다고 한다.

그런데 더 재미있는 것은 그 사장은 늘 등산이 끝나고, 아주 자랑스럽게 이렇게 이야기했다.

"좋은 공기 마시고, 정신 수양하고, 공짜 점심에 게다가 공짜 술까지 주는데, 누가 산에 오기 싫다고 하겠어? 이걸 싫어하는 사람이 이상한 거 아니야?"

굉장한 착각이다. 물론 정말 산이 좋아서 즐겁게 참여하는 사람도 있겠지만, 그래도 '사장과 함께'보다 '가족들과 함께'를 더 좋아하지 않을까? 사장은 딱 권유만 하고, 적어도 선택권은 직원들에게 남겨 두는 것이 더 바람직하지 않을까 하는 생각이 든다.

산을 좋아하는 것은 사장의 자유이지만, 산을 좋아하지 않는 것도 직원들의 자유일 텐데, 적어도 직원들에게 편하게 거절할 수 있는 자유와 분위기를 조성해 주면 어땠을까 하고 생각해 봤다. 그러면서 조금은 장난스러운 생각도 곁들여 봤다. 혹시 사장 위에 회장이 있어서 "박 사장 나랑 스쿠버 다이빙 갑시다"라고 했을 때의 기분을 잠깐이라도 상상해 본다면 직원들의 마음을 조금이나마 헤아려 볼 수 있지 않을까 하고 말이다.

내가 좋아하는 것을 남들도 좋아할 것이라는 착각이나, 내가 좋아하는 것을 남들도 좋아해 주기 바라는 선한 의도가 때로는 관계를 해치는 지름길이 될 수도 있다. 아무리 좋은 의도에서 출발해도 결국 결과는 받아들이는 사람의 몫이기 때문이다. 입장에 따라 달라질 수 있는 것이다. 그래서 나의 선한 의도가 강요가 아닌 권유로 받아들여질 수 있도록 아래 세 가지 원칙만큼은 지켰으면 한다.

1. 반복해서 말하지 말자

듣기 좋은 소리도 삼세번이다. 아무리 좋은 말도 세 번 이상 반복하면 듣기 싫고, 강요로 느껴진다. 딱 한 번 또는 최대 두 번까지만 권유하자. 또한 내가 권유한 내용이 지켜지고 있는지 확인하거나 지속적으로 체크한다면 이 또한 상대방의 입장에서는 강요처럼 느껴질 수 있다.

2. 선택권은 상대방에게 남겨 두자

권유하는 것이 강요가 되지 않으려면 선택권은 상대방의 몫으로 해야 한다. 먼저 선택할 수 있는 권한과 시간을 상대방에게 허락해 주어야 한다. "이렇게 해"가 아니라, "이렇게 해 볼래?"라는 질문이 먼저여야 하고, 그 질문에 따른 상대방의 선택을 존중해야 한다. 내 권유를 받아들이지 않았다고 해서 싫은 소리를 하거나, 싫은 티를 내는 순간 권유는 강요가 된다. 권유는 하되 '아니면 말고'라고 편하게 생각하고 선택을 강요하지 말자.

3. 내 생각은 가장 늦게 이야기한다

권유의 상대가 나보다 나이가 어리거나 직급이 낮은 경우, 내 생각을 먼저 이야기하면 그렇게 하자고 못을 박는 것과 다를 바 없다. 한국 사회에서는 선배나 상사의 말에 토를 다는 것이 무례하게 여겨지기 때문이다. 어떤 상황에서 내 생각이 옳다고

나의 선한 의도가
타인에게는 불편한 강요가 될 수도 있다.
권유와 강요의 경계를
제대로 지키자.

생각하고 먼저 말하기보다 아랫사람이나 후배들의 의견을 먼저 듣는 편이 좋다.

회사는 내가 하기 싫은 것, 하기 싫은 일을 해야만 하는 곳이기 때문에 가장 큰 스트레스를 받는지도 모른다. 하고 싶은 것만 하고 살아도 모자란 인생인데, 회사에서는 왜 그렇게 하기 싫은 일을 많이 시키는지 모르겠다. 물론 업무적인 부분에 있어서는 부하 직원에게 내 생각을 강요해야 할 때가 있다. 하지만 업무 외적인 부분이나 생활적인 면에 있어서만큼은 강요가 아닌 권유가 더 바람직하다. 적어도 강요를 권유라고 착각하고 살지는 말았으면 좋겠다.

안 된다고 하지 말고
아니라고 하지 말고

예능 프로그램에 출연한 연예인들이 한껏 개인기를 뽐낸다. 대부분 성대모사나 노래를 선택하는데, 한 연예인은 자신의 개인기를 차력이라고 소개했다.

그러자 갑자기 스튜디오 한가운데에 불을 붙인 봉이 등장하더니 그 연예인은 그 봉을 입에 넣고 끄는 기술을 선보였다. 자막에는 '절대 따라 하지 마세요'라는 시청자 경고 메시지가 나온다. 그 불 쇼를 보고 함께 출연한 다른 연예인들의 칭찬이 이어지자 그 연예인은 다소 민망해하며 이렇게 말했다.

"사실 이거 아무나 다 할 수 있는 거예요."

'아무나 할 수 있는 거라고? 위험한 불 쇼를 선보이면서 저렇게 겸손해도 되는 걸까?' 하는 의문이 드는 찰나 그 연예인이 말을 잇는다.

"불은 입에 들어가는 순간 꺼지게 되어 있어요. 근데 불이라는 두려움 때문에 그렇게 하지 못하는 것뿐이죠."

이것은 단지 불 쇼만의 이야기가 아니다. 사람들이 새로운 일이나 방법을 시도하지 못하고, 머릿속에서 밀어내는 이유는 단지 머릿속에서 그것이 안 된다고 판단하기 때문이다. 생각을 직접 눈으로 보고 막상 해 보면 별것 아닌 일도 많은데, 행동으로 연결하는 것까지가 가장 어렵다.

특히 이런 경향은 새롭고 낯선 일을 대하는 고 연차 직원이나 리더들의 태도에서 자주 발견된다. 신입사원의 재기 발랄한 아이디어나 제안에 "말도 안 되는 이야기야", "그게 되겠어?", "나도 다 해 봤는데 안 돼"라는 말로 묵살하고 이전의 방식을 계속 고수한다. 여기에는 몇 가지 심리적인 저항이 자리하고 있다.

우선 예전에 변화를 추진했다가 실패한 경험에서 생긴 저항이다. 모난 돌이 정 맞는다는 것을 몸소 체감했다. 부정적인 경험이 쌓인 탓에 보수적으로 변했다.

이득보다 손해에 민감한 인간의 특성과도 관련되어 있다. 가령 사람들은 오백 원을 얻는 것은 굉장히 작은 가치로 느끼지만 같은 금액인 오백 원을 잃는 것은 상대적으로 큰 손실로 느낀다고 한다. 이런 심리적인 특성으로 인해 있는 거나 지키고 하던 거나 잘하자는 생각을 하게 된다.

새로운 시도에는 거부감이 들기도 한다. 소위 후배가 내미는 제안에 심리적인 저항이 발동한다. 그동안 내가 해 온 것이 옳다는 생각이 자리하기 때문이다. 새로운 것은 옳지 않다고 결론을 내버리고 거부하게 된다.

저항은 극복하라고 있는 것이다. 이 장에서는 심리적 저항을 극복하는 일명 'PDF 방법'을 소개해 보겠다.

Practice makes perfect

실패는 성장의 밑거름이다. 실패해도 분명 남는 것이 있다. 회사는 결과로 말하는 곳이지만, 실패를 하는 과정에서 얻은 경험과 노하우는 반드시 다음번 같은 일을 할 때 성공의 밑거름이 된다. 하지만 그 거름조차 준비하지 않는다면 평생 새로운 일은 하지 못한다.

요즘 유행하고 있는 애자일 agile 방식(정해진 계획만 따르기보다 주기적인 피드백을 통해 상황에 유연하게 대처해 나가는 방식)도 결국 '해보고 안 되면 다시 한다'이다. 빠른 실행과 피드백을 통해 수정해 나가면서 완벽에 가까운 방법을 찾아낼 수 있다.

월마트의 창업자 샘 월튼이 사업을 벌이고 추진하는 방식은 '준비-발사-조준'이었다고 한다. 오타 아니다. '발사'하고 '조준'하는 순서다. '될까?'를 고민하기 전에 일단 시행하고 개선 방법을 찾는 방식이다. 언제까지 조준만 하고 있을 것인가? 정확하게 내 조준점이 타깃에 맞춰지는 순간, 이미 그 타깃은 경쟁사나 다른 사람이 쏜 총알에 사라지고 없을지도 모른다.

Doing is better than perfect

위의 문장은 세계적인 기업 페이스북의 사무실에 붙어 있는 포스터에 적힌 문구다. 번역하면 '완벽보다 실행이 우선'이라는 뜻이다. 완벽주의를 경계하기 위해 붙여 놓은 것이라고 한다. 물론 처음부터 완벽하면 좋겠지만, 세상에 그런 일이 있을까? 일단 실행하고 오류를 수정해 나가면서 완성형으로 나아가야 한다. 시도하기 전까지는 정답을 찾을 수 없다.

몇 해 전 한국 CCO 클럽에서 '한국경제를 만든 한마디'를 설문 조사했다. 그 결과 압도적 1위를 차지한 말은 고 정주영 회장의 "이봐 해 봤어?"였다. 물론 불확실성이 가득한 시대, 한 번의 실패를 돌이키기 어려울 정도로 빠르게 변화하는 시대에 이런 불도저 정신이 아직도 통할까 싶지만 역설적이게도 "될까?", "가능할까?"를 묻기 전에 일단 "하고 본다"라는 강인한 도전 정신과 실행력이 그 어느 때보다 필요한 때이기도 하다.

Foot in the door effect

내가 강의에서 자주 쓰는 표현 중에 'foot in the door effect'라는 것이 있다. 방문 판매 영업을 할 때 일단 벨을 누르고 문을 열기까지가 어렵지, 문을 열고 한 발을 딛고 들어가면 그다음부터는 쉽다는 뜻이다. 한 번의 작은 'Yes'나 성공이 지속적인 모멘텀을 만들어 그 이상의 'Yes'나 성공을 만든다는 이론이다.

100킬로미터는 어렵다. 하지만 1킬로미터는 쉽다. 100미터는 더 쉽다. 언제나 첫발이 먼저다. 일단 첫발을 떼면 행동하게 된다. 시행이 어렵고 두렵게 느껴진다면 일단 첫발을 내딛는 것으로 멋지게 시작할 수 있다.

'줄탁동기啐啄同機'라는 말이 있다. 알 속의 병아리가 껍질을 깨뜨리고 나오기 위해 껍질 안에서 쪼는 것을 '줄'이라 하고, 어미 닭이 밖에서 쪼아 깨뜨리는 것을 '탁'이라 한다. 이 두 가지가 동시에 행해질 때 한 생명이 세상 밖으로 나올 수 있다.

회사에서 새로운 아이디어가 세상에 나오는 과정도 마찬가지 아닐까? 신입사원이 '줄' 신호를 보내면 리더는 '탁' 하고 받아 주자. 신입사원들이 던지는 엉뚱하지만 새로운 아이디어에 리더의 노련함과 책임감이 더해진다면 "될까?"도 "된다!"로 바뀐다. "책임은 누가 질래?"라는 무책임한 질문 전에 '내가 책임지면 되지'라는 생각으로 머릿속 두려움을 걷어내고, 새로운 시도에 발을 담가 보자.

under 그리고
stand 하자

'Understand'의 사전적 의미는 '이해하다, 알다'라는 뜻이다. 중학교에 입학해서 처음으로 영어 공부를 할 때 손에 잡은 영단어 책의 초반부에서 접했던 단어로 기억한다.

그때는 그저 스펠링을 외우기에 급급했는데, 20여 년이 흐른 어느 날 라디오에서 Understand의 의미를 제대로 알게 되었다.

Under(아래) + Stand(서다)라는 단어의 합성어

'이해한다는 것'은 '상대방의 아래에 섰을 때 비로소 가능하다'라는 설명을 듣고, 일상에서 Understand의 의미를 다시 생

각해 보게 되었다.

그동안 아무렇지도 않게 사용했던 "이해해"라는 말이 새삼 부끄러워졌다. 평소 누군가를 이해하기 위해서 진정 그의 아래에서 생각하고 고민해 본 적이 있었던가?

언더스탠드(Understand): 머리로 하는 게 아니라, 몸이나 마음으로 하는 것. 동등한 눈높이나 위에서 내려다보는 관점이 아니라, 아래에서 올려다보는 관점

이렇게 다시 정의해 보니, 이 말의 의미를 되새기는 것만으로도 관계에 있어서 많은 것이 달라지겠다는 생각이 들었다. 이 의미는 결국 내가 말하고 싶었던 '따뜻한 꼰대'가 되기 위한 지침이었다.

1. 판단은 뒤로 밀어 두자

나이가 들어 어느 정도 경험이 쌓이면 나름의 잣대로 편견이 생긴다. 상대방과 이야기를 할 때 순수하게 집중하지 못하기보단 이런 생각이 스멀스멀 밀려온다. '애는 이런 스타일이구나', '평소에 그렇게 행동하더니 그럴 줄 알았다' 등 내 멋대로 만들어 낸 프레임에 상대방을 밀어 넣고 결론을 짓는 것이다. 그러다 보니 상대방의 이야기에 귀 기울이지 않고 섣부른 결론을 내릴 때도 있었다.

'네가 하는 게 그렇지.'

'네가 평소에 잘했으면 이런 일이 일어나지 않았겠지.'

문제가 발생하면 사람은 자동으로 그 문제를 일으킨 것에 원인을 찾는 습성이 발동한다. 그리고 그 대상은 타인일 때가 많다. '네 탓이야', '네가 잘못했어' 등으로 내가 아닌 다른 누군가에게 책임을 전가해야 마음이 편해진다.

이럴 땐 마법과도 같은 문장을 머릿속에 떠올려 보자.

'그럴 수도 있지.'

'왜 저것도 못하지?'가 아니라, '나도 저땐 그랬지. 그럴 수도 있지', '나도 처음엔 많이 헤맸었지', '긴장해서 더 실수할 수도 있지'라고 생각하며, 판단을 유보하는 것이다. 이렇게 말하고 나면 비로소 상대방의 이야기를 들을 준비가 되고, 여기서부터 진짜 Understand가 시작된다.

2. 충분히 듣는다

상사에게는 문제 해결 본능이 탑재된 것일까? 문제가 발생하면, 문제를 해결해야겠다는 강한 의지가 생긴다. 충분히 들어주기보다 내가 하고 싶은 말을 하거나 해줘야 할 것 같은 말들이 먼저 튀어나온다. 충분히 그 사람의 이야기를 들어줄 수도 있는데, 그 기회마저 차단하면서 상사는 그렇게 꼰대가 된다.

꼭 가르침을 줄 필요는 없다. 가끔은 침묵으로 기꺼이 들어주며 상대를 이해하고 있다는 제스처를 보여 주자. 침묵에 익숙해지고 가까워질수록 꼰대와는 거리가 멀어진다. 진짜 말을 잘하는 사람은 상대에게 생각할 여지를 허용하는 침묵을 유연하게 사용할 줄 아는 사람이다.

3. 잘 듣고 있다는 신호를 보내자

상대방의 말을 잘 이해했는지 확인하고, 적절한 리액션을 취하자.

"팀장님, 다른 팀이 급히 요청한 업무 때문에 보고서를 만들 시간이 부족해서 좀 늦어졌습니다."

"그랬군요. 시간이 부족했겠네요."

이를 전문용어로 미러링Mirroring 기법, 또는 앵무새 화법이라고도 한다. 마치 상대방이 거울을 보고 이야기하듯이 똑같이 반응하고, 상대방이 말한 것을 되짚어서 말하는 방법이다. 이렇게 함으로써 집중해서 잘 듣고 있고, 이해하고 존중한다는 느낌을 줄 수 있다. '네 생각에 공감해', '네 이야기를 잘 듣고 있다'라는 의미가 전달되는 것이다.

바로 판단하지 말고 딱 10초만 기다리자. 비판하고 비난하기 전에 충분히 상대방의 이야기를 들어주자. 말이나 감정 표현으로 상대방의 말을 경청하자. 이것만으로 '언더'와 '스탠드'는 자동 분리될 수 있다. 여기서부터 진정한 Understand의 의미가 되살아날 것이다.

Part 3 ○

꼰대의 생활력

그 집이 맛집인지 아닌지는
스스로 결정하는 거야

식당에 갈 때마다 내가 빠뜨리지 않고 하는 질문이 있다.

"사장님, 이 집 맛있어요?"

질문을 할 때마다 느끼지만, 이 질문만큼 우매한 질문도 없다. 망하기를 작정하지 않고서야 맛이 없다고 대답할 사장이 있을까? 그럼에도 불구하고 내가 이렇게 질문하는 이유는 내 선택에 대한 불안함을 남겨 두고 싶지 않기 때문이다. 비록 숟가락을 들기 전이지만 '맛있다'라는 확신이 생겨야 심리적으로 안정감이 느껴진다. 그래서 나는 오늘도 이렇게 묻는다.

"사장님, 여기 맛있어요?"

"그럼요. 다 맛있어요."

사장은 기다렸다는 듯이 대답한다. 아마 나처럼 바보 같은 질문을 하는 사람들이 많았으리라.

어쨌든 나는 사장의 답변에 안심하고 음식을 주문한다. 그런데 사장의 자신감과는 달리 음식이 맛없을 때가 있다. 그냥 먹었어도 맛이 없을 음식인데, 맛있을 거라는 기대까지 하였으니 더 맛없게 느껴졌다.

내 마음속에 '맛있을 거야'라는 기대치가 형성됐는데, 그에 비해 결과가 형편없으니 실망감이 배가 되어 돌아온다.

똑같은 상품과 서비스라도 사람마다 만족도가 달라지는 이유는 바로 이 기대치 때문이다. 눈앞의 현상이나 어떤 결과에 대해 내 기대치가 얼마나 투영되었느냐에 따라 만족도가 결정된다. 물론 만족도는 개인의 취향이나 지식과 경험의 차이에서 오기도 하지만, 만족도의 크기를 결정하는 데는 기대치가 결정적인 역할을 한다.

똑같은 칼국수를 먹어도 아무런 기대 없이 먹었을 때는 그렇게 맛있었는데 '칼국수 맛집', '원조 칼국수'라는 기대를 하고 가서 먹었을 때는 만족도가 떨어지기도 한다. 칼국숫집에 투영된 내 기대치가 컸기에 실제 음식 맛은 변함이 없어도 만족도가 떨어지는 것이다.

[만족도 $f(x)$ = 실제 결과 − 기대치]

만족도는 '기대치' 대비 '실질적인 결과'의 함수로 결정된다. 앞의 결괏값이 양의 값이거나 최소한 0에서 형성되면 만족하는 것이고, 그 값이 커지면 커질수록 만족도는 커지게 된다. 《행복을 풀다》의 저자 모 가댓은 행복을 이렇게 정한다.

"나에게 일어난 사건이 나의 기대와 일치하거나 나의 기대를 넘어서면 나는 행복하다. 적어도 불행하지는 않다. 우리를 불행하게 만드는 것은 사건 자체가 아니라 사건에 대해 우리가 생각하는 태도이다. 이것에 따라 행복과 불행이 결정된다."

결국 내가 만족하고 행복해지기 위해서는 두 가지 방법이 있다. 내 기대치를 낮추거나 실제 결괏값을 키우는 것이다. 여기에 중요한 통찰이 있다. 전자는 나의 의지로 가능한 일이지만, 후자는 나의 의지로 바꿀 수 없는 것이다. 나를 둘러싼 환경, 사람, 진로 등 내가 선택한 결괏값의 크기를 바꾸기가 상대적으로 더 어렵기 때문이다.

그래서 조금 더 만족하고 행복해지기 위해서는 차라리 내 기대치를 관리하는 것이 낫다. 내 기대치가 크면 클수록 실제 결괏값에 비례해서 만족도가 떨어지는 기대치 배반이 일어날 뿐이다.

이런 기대치 배반이 극적으로 일어나는 곳이 어딜까? 바로 회사다. 험난한 취업 문을 뚫고 들어간 회사는 내가 기대했던 곳이 아니다. 엄청난 맛집으로 알고 들어간 회사는 맛집이 아니었다. 기대만큼 실망이 더 크다. 그래서 지금까지의 힘듦과 고통이 더 큰 상실감으로 돌아온다. 기대치 배반이 일어났기 때문이다. 하지만 현실은 녹록치 않다. 내가 바꿀 수 있는 것이 많지 않다. 불평불만을 입에 달고 살아 봤자 힘들어지는 것은 나 자신일 뿐이다. 내가 쏟아내는 불평불만을 제일 많이 들어야 하는 것은 나 자신이기 때문이다.

바꾸지 못할 것을 바꾸려고 애먼 것에 힘을 쓸 바에야 내가 통제할 수 있는 나의 기대치를 관리하는 편이 낫다. 그리고 그 안에서 긍정적인 요소를 찾고, 만족하려는 노력이 더 중요하다. 환경은 바꿀 수 없지만 그 환경을 담는 내 마음은 얼마든지 바꿀 수 있다.

어느 날 지인과의 식사 자리에서 나는 늘 하던 질문을 했다.

"사장님, 이 집 맛있어요?"

지인이 나를 한심하다는 듯이 쳐다보면서 혀를 끌끌 차더니 질문을 바꿨다.

"사장님, 이 집에서 뭐가 제일 맛있어요?"

사장이 멈칫멈칫하더니 대답했다.

"저희 집은 김치찌개 하나는 끝내줘요."

그날 우리는 그 집에서 가장 맛있는 김치찌개를 먹을 수 있었다. 점심을 먹고 나오면서 지인이 참 현명하다는 생각이 들었다. 일단 선택했다면 그 안에서 최선을 찾는 것이 좋다. 비록 그것이 최상은 아닐지라도 최선을 찾으려는 노력이 상황을 긍정적으로 바꾸기 때문이다.

자신이 선택한 회사라는 식당에 불평불만이 많은 사람에게 이렇게 말하고 싶다. 이왕 식당에 들어갔으면 맛집이냐고 묻지 말자. 어리석은 질문이다. 대신 그 식당 안에서 가장 맛있는 음식을 찾아보자. 분명 그 안에는 내 입맛에 맞는 음식이 있다. 정 없다면 내가 가진 기대치를 점검해 보자. 그전보다는 좀 더 맛있는 음식을 먹을 수 있을 것이다. 그 집이 맛집인지 아닌지는 나 스스로 결정하는 것이다.

질문을 바꾸는 순간
만족이 시작된다.

세상에 '아무거나'라는 메뉴는 없다

회사원들의 점심시간은 특별하다. 오전에 받은 스트레스를 몽땅 날려 줄 특급 메뉴를 정해야 하기 때문이다. 점심시간 5분 전부터 튀어 나갈 태세를 갖추며 엉덩이를 들썩거린다. 그때였다. 상사가 말을 건네 온다. 아뿔싸, 오늘은 약속이 없나 보다.

상사 : 오늘 점심 어때요?
직원 : 점심이요?
상사 : 간단히 먹을까요? 오랜만에 내가 살게요.
직원 : 네…그럼….
상사 : 먹고 싶은 거 있어요?

직원 : 아무거나요….

가상의 상황이지만, 먹고 싶은 메뉴를 묻는 말에 마지막 대답 "아무거나요"는 공식처럼 등장하는 답변이다. 상사가 직원들과 식사할 때 "오늘 뭐 먹을까요?"라고 물으면, 거의 대부분의 직원들은 "아무거나"를 주문한다. 거의 무의식적으로 나오는 답변이다.

구체적인 메뉴가 아니더라도 한식이나 중식, 일식 등으로 범주를 정하면 좋으련만, 요즘 세대들의 메뉴판에서 '아무거나' 외에는 찾아보기 힘들다. 왜 그럴까?

몇 가지 이유를 생각해 본다.

1. 진짜 아무거나 잘 먹는다.
2. 선택권을 넘기려는 배려의 의미가 있다.
3. 선택을 망설이거나 선택을 포기한다.

1번 유형은 가리는 것이 없어서 기특하다. 이런 직원은 뭘 먹어도 맛있게 먹는다. 2번 유형의 직원은 배려심이 있다. 분명 본인도 먹고 싶은 메뉴가 있을 텐데 기꺼이 선택권을 양보한다. 물론 '답정너' 상사에게 익숙해진 경우도 있겠지만, 양보의 미덕을 발휘하는 직원은 마음이 예쁘다. 3번의 경우는 조금 문제가 있다. 고민하기도 싫고, 선택하기도 싫은 유형이다. 이는 어느 정도 '선택 피로 현상'과 '책임 회피 현상'과도 관련이 있다.

현대 사회는 선택 과잉 사회이다. 오늘 영화나 채널을 고르고 식당을 정하고 메뉴를 정하고, 여행지를 정하는 모든 것이 선택이고, 선택하려면 정보를 검색해야 한다. 게다가 정보는 왜 이렇게 많은지. 사람들의 의견마저 분분하다. 그래서 늘 머리가 아프다.

때로는 선택에 따른 책임감의 무게 때문에 선택하는 것을 포기한다. 좋은 게 좋은 거고, 최대한 자신의 의견을 뒤로 숨기고 대세에 편승하거나, 실패를 최소화하는 방법을 따른다. 머릿속으로는 자신의 생각과 의견이 있지만 선택에 따른 책임 때문에 그걸 표현할 용기가 없다.

하지만 선택과 책임은 일의 시작이자 기본이다. 내 말과 행동에 대한 자신감과 책임감이 있어야 원하는 것을 먹을 수 있고, 원하는 일을 할 수 있다. 아무거나만 찾다가는 내 선택과 책임이라는 가치를 잃어버릴 수 있다.

더불어 성장의 기회까지 제한된다. 작은 선택을 회피하는 것이 습관이 되면, 선택하는 법을 잃어버린 채 평생 남의 생각과 의견만 좇다가 끝날 수도 있다. 이들에게 성장의 기회는 절대 오지 않는다. 선택을 포기하는 순간 주체적인 삶에서 멀어지게 된다.

물론 잘못된 선택을 할 수 있고, 잘못된 선택으로 비난을 받을 수 있다. 하지만 그게 무서워서 시도조차 하지 않는다면 얻는 것도 없고, 달라지는 것도 없다. 아무것도 하지 않으면 아무것도 바뀌지 않는다. 선택도 연습이고 경험이다. 책임질 수 있는 용기가 필요하다.

자유와 자율의
날카로운 경계

사무실 한가운데 걸려 있는 시계가 9시 1분을 가리킨다. 이때 출
입문 쪽에서 한 직원이 허겁지겁 들어온다. 1분 지각이다. 팀장
이 자리로 호출한다.

"지각이 잦네. 좀 더 노력해 봐."

팀장이 한마디한다. 팀장은 더한 소리를 할 수도 있었지만,
아침부터 큰소리를 내지 않으려고 적당한 선에서 어른다. 직원
은 고개를 숙이고 다음부터는 늦지 않겠다고 말한다. 하지만 뭔
가 억울한 표정이다. 아니나 다를까 자리로 돌아가는 직원의 등
뒤로 나지막이 마음의 소리가 들려온다.

"그깟 1분 늦은 것 가지고 뭐라 하는 건 꼰대 아냐?"

잘못은 본인이 했는데, 비난은 그것을 지적한 팀장에게 돌린다. 팀장은 그렇게 꼰대로 전락한다.

90년대생, 소위 요즘 세대들의 특성을 대표하는 '○○세대'라는 여러 가지 표현이 있다.

- N포 세대 : 포기할 게 너무 많은 세대(연애, 결혼 등)
- 테크 세대 : 컴퓨터 등 정보 기술에 친숙한 세대
- 욜로YOLO 세대 : 당장의 행복을 좇는 세대
- Why 세대 : 의미가 중요한 세대
- Me Me Me 세대 : 나 위주로 생각하고 행동하는 세대

각기 다른 특징을 묘사하고 있지만, 이 모든 특징을 관통하는 키워드 하나가 있다. 바로 '자유'다. 자유라는 단어와 ○○ 세대를 결합하면 모든 의미가 만들어진다. 포기할 게 많으니 자유라도 지키고 싶고(N포 세대), 자유롭게 모든 정보에 접근이 가능하고(테크 세대), 불투명하고 보장되지 않은 미래보다 현재의 자유가 좋고(욜로 세대), 나에게 의미 있는 자유를 좇고(Why 세대), 그래서 자기중심적으로 생각하고 행동하며 내 자유를 누군가가 침범하는 것은 용납할 수 없다.(Me Me Me 세대)

물론 개인의 자유는 보장받아야 한다. 그 어떤 이유로도 자유를 제한해서는 안 된다. 요즘 회사에서도 개인의 자유와 개성이 존중되고 인정받는 문화가 자리잡고 있다. 앞으로도 이 변화

의 흐름은 가속화될 전망이다. 나 또한 누구보다 자유를 갈망하고 추구하고 그렇게 살고 있다. 개인적으로나 사회적으로 바람직한 현상이다.

하지만 공동체 또는 집단에서는 개인의 자유가 제한될 필요도 있다. 자유를 핑계로 타인에게 피해를 주거나 공동체의 목적을 위배한다면 규율로 통제돼야 하는 것이 맞다. 규칙, 약속, 예의, 배려 등의 규율은 자유 이전에 반드시 전제되어야 할 기본적인 것들이다. 자유 이전에 자율이 우선시되어야 한다.

'9시 1분은 9시가 아니다.'

이것은 어느 기업의 행동 규율로 잘 알려진 문장이다. 이 말은 1분의 차이를 통해 자유와 자율의 명확한 차이를 규정한다. '고작 1분이잖아', '1분이 뭐 어때서?'라는 안일한 생각에 일침을 놓는다. 간결하면서도 힘 있게 자율의 의미를 전달한다.

더 의미 있는 사실은 이 말이 이름만 들어도 오래된 느낌이나고, 보수적인 향기가 폴폴 나는 회사의 행동 강령이 아니라는 것이다. '다 때가 있다'라는 메시지로 때수건을 팔고, '우리가 어떤 민족이냐? 배달의 민족이다'라는 캐치프레이즈로 트렌드를 선도하는 기업 '우아한 형제들'의 행동 강령이다.

자유롭고 수평적이며 창의적인 조직 문화를 추구하는 회사의 행동 강령이기에 이 메시지의 울림이 더 크게 느껴진다. 게다가 이 기업에서 제시한 열한 가지 행동 강령 중 위의 문장이 첫 번째에 나올 만큼 가장 중요하게 생각하는 가치이기에 그 중요성이 더 크다.

회사는 자유를 찾는 곳이 아니다. 자율만이 존재할 뿐이다. 규율 위에 자유가 설 수 있다. 비록 자율은 자유에서 'ㄹ' 하나를 더한 것뿐이지만 이 'ㄹ'의 가치와 무게를 제대로 알고 지켜야 한다. '자유'와 '자율'의 날카로운 경계를 지키느냐 그렇지 않느냐가 프로와 아마추어의 차이를 결정한다.

일할 때는
'왜'를 묻고 시작하자

모 회사 교육팀 과장과 하반기 교육 방향에 대한 미팅이 있는 날이었다. 점심시간 직후 진행된 미팅이라 바로 본론으로 들어가기는 그래서 지난 7월에 있었던 교육에 대한 리뷰로 대화를 시작했다.

이런저런 피드백이 끝나고 그분에게 교육 현장 사진을 몇장 요청했다. 그리고 그때부터 약 20여 분간 그의 끝도 없는 이야기가 시작되었다. 소위 '요즘 것들'을 향한 하소연이었다.

"대표님, 안 그래도 그 사진 말인데요. 그때 저랑 같이 뒤에서 청강했던 신입사원 있죠? 제가 그 사원에게 교육 시작 전에 교육 현장 사진을 찍으라고 얘기했거든요. 다음 날 메일로 사진을 보내왔더라고요. 일 처리가 빨라서 좋다고 생각했는데, 웬걸? 파일을 열어 보니 글쎄 사진이 겨우 두 장뿐인 거 있죠? 그래서 제가 이게 전부냐고 물었더니, 그렇다는 거예요. 그래서 '실습하는 장면은?', '발표하는 장면은?'이라고 되물었더니 한다는 이야기가 '그건 안 시키셨잖아요'라고 되받아치더라고요. 거기다 대고 제가 무슨 말을 더하겠어요."

속에서 천불이 나서 씩씩거리는 과장의 표정과 억양이 아직까지 생생하다. 그가 느꼈을 답답함이 고구마 백 개는 족히 삼킨 듯한 텁텁함으로 아직도 내 뇌리에 남아 있다.

물론 교육 사진을 왜 찍는지, 어떤 장면을 찍어야 하는지, 어디에 쓸 것인지 등 구체적인 가이드를 제시하지 않은 과장의 실수도 있다. 어디까지나 쌍방 과실이다.

하지만 업무 지시를 받고 딱 한 번만 '이 사진을 왜 찍으라고 하셨을까?', '교육 사진을 찍는 이유가 뭘까?' 하고 일하는 이유와 목적을 생각해 봤으면 어땠을까 하는 아쉬움은 남는다.

일의 이유와 목적을 모르겠다면 그 일을 지시한 사람에게 다시 질문해야 하지 않았을까? 그랬다면 그의 말처럼 겨우 두 장의 사진을 메일로 보내면서 할 일 다 했다는 표정으로 돌아서는 슬픈 결말이 연출되지 않았으리라.

과장은 왜 사진을 찍으라고 했을까? 물론 직접 확인해 보지는 않았지만 추측해 보건대 '교육생들에게 기념으로 보내 주거나' 아니면 '교육 결과 보고서에 시각 자료로 쓰기 위해서', '전달 교육 자료를 만들기 위해서' 등 어떤 목적이 있었을 것이다.

그 일을 완수하기 위한 기초 자료로 쓰일 사진을 요청했던 것인데, 신입사원이 보낸 두 장의 사진으로 아무것도 할 수 없었다. 시간을 되돌려 교육생들을 다시 불러 모을 수도 없고, 그렇다고 CG로 편집을 할 수도 없다. 텍스트만 가득 담긴 보고서를 제출해야 하는 처참함은 온전히 과장이 감당해야 할 몫이었다.

대부분의 회사에서 신입사원이나 연차가 적은 직원에게 주어지는 일은 A to Z로 처음부터 끝까지 모두 책임져야 하는 일이 아니다. 보통은 중간 과정인 경우가 많다. 그 일이 최종 목적지가 아니라, 누군가가 하는 다른 일의 인풋으로 활용된다.

이때 해당 직원이 처리한 일의 결과가 좋지 못하면 최종 일의 결과도 좋지 못한 경우가 많다. 그게 아니더라도 최소한 중간에서 그걸 수습하기 위한 다른 누군가의 고단함과 보이지 않는 노력이 수반되어야 할 것이다.

내가 해낸 일의 '아웃풋'은 또 다른 누군가가 하는 일의 '인풋'이 된다. 최소한 그 일이 전체 과정 중 어디쯤에 있는지, 일의 최종 목적은 무엇인지 알고 있는 것만으로 다른 누군가에게 좀 더 좋은 인풋을 제공할 수 있다.

어떤 일이든 그 일을 하는 일의 의미와 목적을 생각하고 시작하자. 일을 할 때마다 끊임없이 '왜'라고 묻고, 내가 하는 일의 최종 아웃풋이 무엇인지 고민하는 것이다.

내가 하는 일의 의미를 알고, 그 일이 더 큰 일의 보충 혹은 도움 자료가 될 수 있다는 사실만 제대로 이해해도 일의 퀄리티는 훨씬 높아진다.

물론 전문성이나 능력도 뒷받침되어야 하지만, 적어도 처음부터 일을 다시 하거나 상사의 답답증을 유발하는 일은 없을 것이다. 상사가 시킨 일에 1이 아닌 1.5의 결과물을 만들고 싶다면 일을 시작하기 전에 스스로 '왜'라고 묻고 시작해 보자.

미팅을 끝내고 돌아오는 길에, 문득 내가 파트장으로 일할 때 파트원이었던 후배가 보고 싶어졌다. 굳이 시키지 않아도 내가 하는 행사, 교육, 워크숍 등 모든 사진을 찍어서 기록했고, 주요 장면 위주로 내가 원하는 포인트를 정확하게 파악해서 의미까지 담아내던 후배였다. 그는 사진 하나를 찍어도, 일을 하는 이유와 목적을 정확하게 알고 일했다.

어느덧 그도 팀장이 되어 있을 나이인데, 지금쯤 어디에서 후배들에게 "일의 목적을 생각하고 해라"라고 훈계하며, 따뜻한 꼰대가 되어 있을지 유난히 보고 싶어지는 오늘이다.

랍스터에게 배우는
직장생활의 한 수

돈이 없어서 못 먹지, 돈만 있다면 매일 한 끼 정도는 식탁에 올리고 싶은 음식 중 하나가 랍스터다. 비싸서 자주 못 먹는데 가끔 먹을 기회가 생기면 아까워서 그 맛을 제대로 느낄 여유가 없다. 그럴 때마다 이런 생각이 스멀스멀 밀려온다.

'랍스터에 껍질은 왜 있는 걸까? 괜히 무게만 차지해서 비싸기만 하고 말이야.'

하지만 얼마 전 랍스터를 먹으면서 후배에게 들은 얘기는 이런 내 생각을 바꾸어 놓았다.

"형, 그거 알아? 랍스터에 껍질이 없으면 랍스터를 아예 못 먹었을걸? 랍스터를 보호하는 껍질이 없으면 진작 다른 포식자에게 잡혀 먹혔을 거 아냐?"

후배의 이야기는 좀 더 이어졌다.

"우리에게는 불필요하고 성가신 껍질이지만, 랍스터에게 껍질은 다른 생물들로부터 자신을 보호하는 데 반드시 필요한 보호막이래. 그런데 이 껍질이 랍스터에게도 가장 큰 스트레스이자 고난이래."

랍스터는 나이가 들수록 몸이 커지고, 죽을 때까지 성장하는 생물이라고 한다. 이때 가장 문제가 되는 것이 바로 그들을 보호하기 위해 둘러진 껍질이다. 랍스터의 성장에 맞춰 껍질까지 저절로 커지지 않기 때문에 랍스터는 자신의 크기에 껍질의 크기를 맞추기 위해 '탈피'라는 과정을 거친다.

이때가 랍스터에게는 가장 힘든 시기이다. 체력적으로도 가장 약해져 있고 외부의 위협에도 가장 취약하다. 하지만 이 과정을 거쳐야 더 커지고 단단해질 수 있기에 바위 밑에 숨어서 오랜 시간을 견디고 버틴다. 가장 힘든 순간이지만, 성장하기 위해서는 반드시 필요한 시간이기도 하다. 랍스터에게 있어서 껍질은 보호막이기 이전에 힘든 시간을 이겨낸 성장의 증표이자 실력의 크기라고도 할 수 있다.

우리의 삶도 마찬가지다. 누구나 저마다의 껍질을 가지고 태어난다. 그리고 힘겨운 탈피의 순간도 찾아온다. 실패와 좌절이 반복되고 고통스럽다. 이때 '이것만 끝내자', '이번만 참자', '견뎌 보자', '버텨 보자'라는 마음으로 위기의 순간을 이겨 낸 사람에게는 성장이라는 훈장이 주어진다. 당장 손에 쥘 만큼의 크기는 아니더라도 이 과정이 쌓이고 반복되면서 단단한 껍질이 생긴다. 실력이 쌓이는 것이다. 성공한 운동 선수, 정치인, 연예인 등의 삶을 들춰 봐도 언제나 도전과 응전의 역사가 반복되었고, 힘들고 고통스러운 순간을 극복한 만큼 성공의 크기도 비례했다. 고통의 크기만큼, 인내의 노력만큼, 극복의 횟수만큼 성장하고 성공에 가까워진다.

'곧 지나가리라. 고통의 순간만큼 성장하리라.'

힘든 순간이 올 때마다 이 말을 떠올리며 극복했다. 인생의 목표나 원대한 비전 같은 것은 없었다. 보이지도 않았고 생각할 겨를도 없었다. 단지 '조금 더 나아지리라', '조금 더 성장하리라'라는 마음으로 버텼다. 힘들고 괴로운 순간을 이런 마음으로 버틸 때마다 언제 그랬냐는 듯 시간이 흘러 그 일이 끝나 있었다. 고통과 고난의 순간을 극복한 크기만큼 나 역시 성장해 있었다. '고통 – 인내 – 성장 – 실력'이라는 사이클은 신입사원 시절부터 지금까지 내 삶을 지탱해 준 삶의 패턴이자 성공 공식이다.

회사 생활을 하다 보면 가끔은 더럽고 아니꼬운 일도 겪게 된다. 불합리하고 부조리한 결정도 많고 일과 사람, 조직의 환경 등 모든 게 힘든 시기가 있다. 더 버틸 힘이 없다. 포기하고 싶은데 자존심이 허락하지 않는다. 미래도 걱정된다. 이때 달콤한 유혹이 시작된다.

You only live once, 한마디로 욜로

적당한 핑계가 생긴다. 나는 힘들어서 포기하는 게 아니고, 단지 욜로의 가치를 실천하기 위해 현재를 즐길 뿐이다. 욜로는 그렇게 현실을 외면하고 물러서게 하는 적당한 핑계가 되어 준다. 한 번뿐인 인생, 현재를 즐기기 위해 지금의 고난과 역경을 마주하지 않는다.

하지만 나는 이것이 욜로의 진정한 의미가 아니라고 생각한다. '한 번뿐인 인생을 의미 있게 살자'가 단지 현재에만 포커스를 맞춰 '현재를 즐기자'라는 의미로 해석되어서는 안 된다. 욜로는 인생 전반에 걸쳐 던져야 할 질문이다. 단지 현재만을 중요하게 생각하는 가치가 아니다. 욜로가 현재의 어려움을 외면하고 현실을 도피하기 위한 변명거리로 전락해서는 안 된다.

힘든 것보다는 쉽고 편한 것, 어렵고 복잡한 것보다 가볍고 쉬운 것, 미래보다는 지금 당장에 집중하는 사람들의 미래는 과연 어떤 모습일까? 힘든 시간을 견뎌야 성숙해지고 단단해지는데, 힘든 시기를 우회하며 편한 길을 택한 그들에게 어떤 미래가 주어질지 조금은 우려스럽다.

앞으로 내 인생에 랍스터를 먹을 기회가 몇 번이나 더 있을지는 모르겠다. 하지만 그때마다 랍스터가 비싸다거나 아깝다는 생각은 하지 않을 것 같다. 그 크기를 만들어 내기까지 랍스터가 견딘 세월의 가치를 아니까 말이다. 그리고 한 번 더 생각

해 볼 것이다. 내 등딱지에 붙어 있는 껍질의 두께를. 그리고 '나
는 얼마나 단단한 사람인가'라고 질문할 것이다.

오늘의 내 삶이
힘들고 괴로웠다면
지금 내 껍질의 크기가
더 단단해지고
있는 것이다.

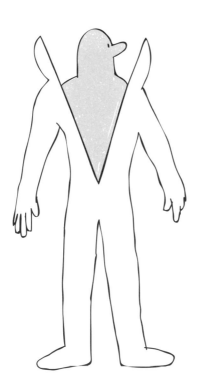

공부 머리 말고
일머리 모드로 전환하자

우리는 살면서 하루에도 몇 번씩 전쟁을 치른다. 매일 아침 눈을 뜨면 시작되는 출근 전쟁을 시작으로, 회사 도착과 동시에 상사와의 일전을 치러야 한다. 기다리던 점심시간이 되면 조금이라도 빨리 식당의 자리를 차지하기 위한 자리 선점 전쟁이 벌어지고, 퇴근 후 아이들과의 육아 전쟁 한 판을 더 치르고 나서야 비로소 하루가 마무리된다. 전쟁이란 표현이 조금은 과하게 느껴질 수도 있지만, 그만큼 우리의 삶은 치열하게 흘러간다.

하지만 이런 소소한 전쟁은 요즘 세대들이 취업에 이르기까지 치르는 전쟁에 비하면 아무것도 아니다. 그 어느 때보다 부족한 것 없이 자랐지만, 그 이면에 그들이 치러야 하는 전쟁은 잔혹하다. 교복을 입자마자 학원가와 독서실을 전전하며 대입 전쟁을 치르고, 20대가 돼서는 바늘구멍보다 뚫기 어렵다는 취업 전쟁을 치르느라 자신의 젊음을 내건다. 그렇게 힘들게 회사에 들어간다.

하지만 사원증을 받고 첫 월급이 통장에 꽂히기도 전에 또 전쟁이 시작된다. 일과의 전쟁이다. 이 전쟁은 지금까지 치른 전쟁과는 성격이 다르다. 전혀 다른 기술을 요구한다. 바로 일 머리다. 학점을 받고, 토익 점수를 올리고, 자격증을 따기 위한 전쟁에서 챙긴 전리품인 '공부 머리'와는 전혀 다른 종류의 기술이다.

일은 공부와는 달리 공식을 외우고, 정답을 찾는 과정이 아니다. 오히려 정답이 없는 문제를 해결하는 것에 가깝다. 일은 정답을 찾는 것이 아니라 정답에 가까운 합리적인 대안을 찾아가는 과정이다. 게다가 내가 찾은 답이 가장 좋고 훌륭한 정답처럼 보이게 하는 기술까지 요구한다. 내가 한 일을 정확하게 정리해서 보고하는 것까지 마무리해야 일이 끝난다. 그나마 여기까지는 해 볼 만하다.

더 큰 난관은 문제 출제자의 유형이 다양하다는 것이다. 팀장, 임원, 선배, 거래처 등의 이름을 달고 각기 서로 다른 답을 요구한다. 그들의 생각과 의도를 파악하는 것에서부터 난관이 시작된다.

일을 잘하기 위한 스킬은 수십, 수백 가지에 이르고 손에서 일을 놓는 순간까지 배워야 한다. 일을 잘하는 데 필요한 스킬을 다 알 수도 없을 뿐만 아니라 이를 소개하는 것은 더군다나 불가능하다. 그래서 모든 일의 시작이자 기본이라고 할 수 있는 세 가지 기술만 소개하려고 한다. 상사에게 일을 받았을 때, 일을 진행할 때, 일을 마무리하고 보고할 때 발동해야 할 기술이자, 일머리에 관한 이야기다.

1. 일의 시작 : 질문을 아끼지 마라

업무 지시를 내릴 때 친절한 상사는 생각보다 많지 않다. 본인 일도 바쁘고 귀찮기에 알아서 해 오길 바라는 경우가 많다. 때로는 자신이 지시하는 일을 본인도 모르고 지시하는 경우도 있다. 위에서 내려온 지시를 앵무새처럼 따라 할 뿐이다. 그래서 가끔 이런 외계어를 남발한다.

"김 주임, 그거 가져와요."
(말하지 않아도 아는 건 초코파이밖에 없는데…)
"매출 떨어지고 있으니까 보고서 제출하세요."
(갑자기 무슨 보고서?)

더 이상 말을 섞기 싫은 마음에 '알아서 해야지' 하고 마음먹는 순간 재앙이 시작된다. 상사에게 일을 받는 것을 수명受命이라고도 하는데, 그렇게 생각하는 순간 내 수명壽命이 다하게 된다. 이렇게 일을 마무리할 경우 대부분은 결론이 정해져 있다. 최선을 다해서 작성한 보고서 앞에 상사의 표정은 일그러지고, 말 대신 한숨을 쉰다. 뭔가 잘못된 것 같다. 그 순간 상사와 직원 사이에 필요한 말은 딱 두 마디다.

상사 : 누가 이렇게 해 오라고 했나요?
직원 : ('보고서 써오라면서요'라는 말을 삼키며) 다시 해 오겠습니다.

세상에 내 마음 같은 사람 없고 '아' 다르고 '어' 다른 일이 자주 연출되는 곳이 회사다. 상사는 '아'라고 지시했는데, 나는 '어'로 알아듣는 경우 처음부터 다시 해야 한다. 이런 불상사를 막기 위해 상사가 업무 지시를 하면 질문으로 업무를 재확인해야 한다. 질문으로 상사의 머릿속에 들어갔다 나와야 하는 것이다. 여기에 필요한 질문은 딱 세 가지면 충분하다. 일의 목적, 아웃풋 형태, 보고 일자만 확인해도 실수를 줄일 수 있다.

- 이 일의 목적은 무엇인가?
- 최종 아웃풋 형태는 무엇인가?
- 최종 보고 일자와 최종 보고자는 누구인가?

물론 상사가 처음부터 정확하게 지시하면 더할 나위 없이 좋겠지만, 그렇지 않다면 내가 바뀌는 것이 현명하다.

2. 일의 중간 : 중간보고는 가장 확실한 보험

정신없이 과제를 하거나 프로젝트를 추진하다 보면 한 가지 빠뜨리는 것이 있다. 바로 중간보고다. 바빠서 놓치기도 하고, 귀찮아서 안 하기도 하고, 가장 결정적으로 제대로 완성해서 최종 결과물을 보여 줘야지라는 생각에 미루는 경우가 많다.

인생에는 한 방이 있을지 몰라도 일에서는 한 방을 찾으려 하면 안 된다. 제대로 해서 한 방에 딱 보여 주고, '칭찬을 받아야지'라는 기대는 연인을 위한 서프라이즈 이벤트에서나 통할 일이다. 회사는 시시각각 상황이 변하고 상사의 정보력이나 기억력 또한 시시각각 변하기 때문에 최소 한 번, 가능하면 여러 번 진행 상황을 보고하여 방향성을 확인하는 과정이 필요하다. 중간보고는 혹시 닥칠 최악의 상황을 대비하기 위한 가장 확실한 보험이다.

중간보고=생명보험

이 외에도 중간보고를 하면 여러 가지 이점이 있다. 프로젝트 수행의 방향성이나 과정을 점검하고, 디테일한 내용도 수정할 수 있으며, 추가적인 아이디어도 얻을 수 있다. 더불어 상사를 존중하고, 협업하려고 노력한다는 인식까지 심어 줄 수 있다.

물론 상사라는 존재는 가급적 피하고 싶을 만큼 어렵다. 그러나 상사와의 커뮤니케이션 기회나 접촉 기회가 잦을수록 친

밀도가 높아지고, 일을 배울 기회도 많아진다.

3. 일의 마무리 : 무조건 결론부터

보고할 때는 무조건 결론부터 이야기하는 것이 좋다. 이미 일의 배경이나 상황을 어느 정도 알고 있는 상사는 여유를 허락하지 않는다. 기승전결 방식으로 보고할 경우, 상사가 하는 말은 딱 한마디뿐이다.

"그래서 결론이 뭐죠?"

만약 결론부터 이야기하는 방식이 이해가 가지 않거나 방법을 모르겠다면 'PREP 기법'을 활용하면 좋다. Point(결론), Reason(이유, 근거), Example(사례), Point(결론, 요청사항)로 보고하는 기법이다. 결론부터 말하고, 결론에 대한 이유와 근거를 제시하고, 사례를 들어 이유와 근거를 강화하고, 다시 한 번 결론을 강조하거나 요청 사항을 제시하는 보고 방법이다. 이 방법을 활용하면 간결하고 명확하게 보고할 수 있다.

Point	Reason	Example	Point
핵심 메시지, 전체 결론	핵심 메시지(결론)에 대한 이유와 근거	근거를 뒷받침하는 객관적 사례	핵심 메시지를 강조, 요청 사항 제시

'공부 미리'와 '일머리'가 상관관계는 있을지언정 인과관계

는 없다. '공부 머리'와 '일머리'가 다르다는 것이 이 글의 논조도 아니다. 다만 이 전과는 전혀 다른 판이 펼쳐지고 있으니, 그 대비 방법이 달라져야 한다는 것이다. 그리고 여기에는 한 가지 희망도 있다. 비록 지금의 내가 주변 동기나 동료보다 고학력, 고스펙이 아니더라도 일하는 기술과 일머리를 장착하면 그 추진력으로 1년 후, 3년 후, 5년 후 더 나은 미래를 그릴 수도 있다는 사실이다. 물론 회사가 주는 고통과 일의 무게를 견뎌야 하겠지만 말이다.

이제 취업이라는 문 하나를 열고 첫발을 디뎠다. 전혀 다른 새로운 게임이 펼쳐진다. 지금까지 취업 전쟁에서 쌓은 전리품은 내려놓고, 다시 전쟁 한 판을 치르기 위해 이제 일머리로 모드를 전환해 보자.

'할 수 있을까?' 병에는
스몰 석세스 처방이 딱이지

요즘 '반려'라는 말이 대세다. 언제부터인가 애완동물이라는 표현 대신 반려동물이라는 표현을 사용하고, 반려동물을 넘어서 반려 식물, 반려 생물까지 등장하고 있다. 주변에서도 반려동물뿐만 아니라 반려 식물 등을 키우는 사람들이 속속 늘어나고 있다.

'반려'라는 말은 현대인의 고독함을 해소해 주는 단어이고 양육에 대한 책임감을 강조한 좋은 표현이라고 생각한다. 하지만 '반려 식물'이라는 말은 낯설기도 하고, 키우는 사람들의 심리가 아직 잘 이해가 가지 않았다.

그러던 어느 날 친구가 반려 식물을 키운다는 이야기를 듣고, 괜히 궁금하여 핀잔을 하듯이 말했다.

"그거 왜 키우는 거야? 말귀를 알아듣는 것도 아니고. 애교를 부리는 것도 아니고, 차라리 강아지나 고양이를 키우는 게 낫지 않아?"

그랬더니 친구가 하는 대답이 뜻밖이었다.

"사실 나도 그러고 싶은데, 반려동물을 키우기 전에 나의 책임감을 테스트해 보고 싶어. 몇 달만 잘해 내면 반려동물을 키워 보려고."

보통 사람들은 공기 정화, 정서 함양, 인테리어 효과 등의 이유로 반려 식물을 키운다고 하는데, 친구는 전혀 다른 이유로 반려 식물을 키우고 있었다. 반려 식물을 잘 키운 성공 경험을 기반으로, 반려동물 키우기에 도전하겠다는 이야기니 말이다. 친구의 말을 듣고 불현듯 한 단어가 떠올랐다.

스몰 석세스Small Success

스몰 석세스라는 개념은 아직까지 정확하게 정의된 바는 없지만, 많은 심리학자와 경영학자가 활용하는 용어다. 작은 성공 경험으로 성취감과 자신감을 쌓고 이를 기반으로 다음 단계로 나갈 의지를 다진다는 의미를 담고 있다. 좀 더 정확한 뜻을 이해하기 위해 '스몰'과 '석세스'라는 단어를 분리해서 생각해 볼 필요가 있다.

먼저 '스몰'의 의미에는 세분화의 원칙이 숨겨져 있다. 어떤 목표나 일을 큰 덩어리로 접하면 '과연 내가 이것을 해낼 수 있을까?' 하는 막막한 생각이 든다. 그리고 그 생각은 '할 수 없을 것 같다' 또는 '하기 싫다'라는 부정적인 생각으로 이어진다. 거대한 목표를 맞닥뜨리니 부담스러운 것이다. 이럴 때 그 일이나 목표를 세분화하면 생각이 달라진다.

내가 가야 할 길이 10킬로미터라고 생각하면 멀게만 느껴지고 불가능한 목표처럼 보인다. 하지만 '1킬로미터만 가자', 아니 '100미터만 가자'는 충분히 마음먹을 수 있다. 10킬로미터라는 목표는 멀게 보이고 막막하지만, 500미터, 200미터, 100미터는 충분히 갈 수 있고 달성 가능한 목표가 된다.

'영어 마스터하기'라는 목표는 막막하고 막연한 목표이지만 하루 영단어 10개, 회화 10분, 듣기 5분, 토익 책 10쪽 등으로 세분화하면 충분히 도전 가능한 목표가 되는 것이다.

이렇게 일이나 목표를 잘게 쪼개서 실행이 가능한 수준으로 세분화하면 '할 수 있을까?'라는 두려움은 사라지고 '할 수 있겠다'라는 자신감이 생긴다. 그래서 그냥 석세스가 아니라 스몰 석세스인 것이다.

두 번째는 '석세스'의 의미다. 아무리 작은 성공 경험이라도 일단 성공의 맛을 보면 다음 성공 그리고 더 큰 성공을 하기 위해 노력하게 된다. 작은 성공을 통해 만들어진 성취감과 자신감이 더 큰 목표를 달성하기 위한 강력한 동기가 되는 것이다. 나는 작은 성공 경험이 강력한 동기가 될 수 있다는 사실을 다이

어트를 하면서 절실히 느꼈다.

'10킬로그램 감량'이라는 목표는 나에게 있어서 세상 그 어떤 일이나 목표보다 어려운 일이었다. 매일 다짐은 하는데, 금세 실패하는 것 중 하나였다. 하지만 사람들 앞에 서는 직업의 특성상 다이어트를 반드시 해야 했다. 온갖 운동과 식이 요법을 시도해 봤지만 쉽지 않았다. 어느 날 나와 식성, 체형, 성격 모든 것이 비슷한 쌍둥이 형이 특단의 조치를 내렸다.

"체중계를 먼저 사. 그리고 체중을 매일 체크해 봐."

1년 만에 15킬로그램을 감량한 형의 말을 무시할 수는 없었다. 속은 셈 치고 매일 아침 체중계에 올랐다. 조금 찐 날도 있고, 빠진 날도 있었다. 하지만 아주 적은 체중이라도 살이 빠진 날은 마음가짐이 달랐다. '내가 0.2킬로그램을 뺐네. 더 노력해야지'라는 마음이 생기는 것이다. 음식을 적게 먹고, 운동을 더 하며 목표를 달성하고자 하는 의지를 불태웠다. 그때부터 나에게 '10킬로그램 감량'이라는 목표는 의미가 없어졌다. 대신 멀리 보지 않고 하루하루의 작은 성공을 만들어 내는 것이 목표가 되었다. 그리고 몇 개월 후 기적처럼 10킬로그램 감량에 성공할 수 있었다.

이런 스몰 석세스 효과는 일을 하는 데 있어서도 나름의 효과가 있다. 보통 평소에 해 본 일과 조금 다르거나 기존의 업무보다 난이도가 있는 경우 거부 반응이 오기 마련이다. 하기 싫을 때도 있고, 잘해 보고 싶지만 자신감이 없는 경우도 있다. 이때 스몰 석세스는 좋은 처방이 된다.

우선 스몰의 원칙을 적용한다. 해야 할 일을 세분화하는 것부터 시작해 보자. 업무를 잘게 나누고, 스텝 바이 스텝으로 성공시켜 가다 보면, 작은 성공에 만족감을 느끼게 된다. 그리고 이 만족감은 다음 스텝으로 나아가게 하는 동력이 된다. 더 잘하고 싶은 동기가 생기는 것이다. 처음부터 100퍼센트를 목표로 하는 것보다 '10퍼센트 달성', '50퍼센트 달성', '60퍼센트 달성' 등으로 업무를 관리하면 이것이 일의 속도도 높이고, 끝까지 해내는 의지를 만들어 낸다.

군에 입대해서 신병 교육을 받을 때 마지막 훈련은 항상 20킬로미터 행군이었다. 그것도 10킬로그램의 군장을 메고 하는 행군이다. 말이 좋아서 훈련이지 몸이 고되다. 이때 "허리가 아프네", "심장이 안 좋네" 등으로 열외되는 사람들이 더러 있다. 20킬로미터라는 거대한 목표 앞에 겁이 나기 때문이다. '내가 20킬로미터를 완주할 수 있을까?'라는 두려움이 앞선다.

이런 심리를 잘 알아서 일까? 행군할 때 조교들이 가장 많이 하는 말이 있다.

"멀리 보지 말고 앞사람 뒤꿈치만 보고 가!"

앞사람 뒤꿈치만 보고 가면 신기하게 덜 힘이 든다. 멀리 있는 목표를 생각하기보다 한 걸음 한 걸음 내가 걷는 걸음의 성공에 집중하는 것이다. 그렇게 4킬로미터씩 가다 보면 어느덧 목직지에 도달한다. 한 걸음 힌 걸음의 작은 성공이 4킬로미터의 성공을 만들어 내고, 그렇게 다섯 번의 성공이 20킬로미터 완주라는 목표를 달성하게 한 것이다.

새롭게 추진해야 하는 일 앞에 '내가 이거를 해낼 수 있을까?'라는 질문이 앞선다면 스몰 석세스로 대항해 보자. 스몰과 석세스의 조합은 두려움을 물리치는 가장 강력한 처방이다.

자꾸 흔들린다면
멀리 봐

재작년 크리스마스 즈음으로 기억한다. 크리스마스에 '딸에게 어떤 선물을 할까?' 고민하는데 라디오에서 재미있는 사연이 들려왔다. 사람의 인생을 산타클로스를 기준으로 4단계로 구분할 수 있다는 이야기였다.

사람의 인생을 구분하는 여러 방법이 있지만, 사람은 태어나서 '산타를 믿었다가, 산타가 없다는 것을 알았다가, 직접 산타가 되었다가, 더 이상 산타가 되지 않는다'로 마무리된다는 것이다.

신선한 발상이라고 생각하며 자연스레 내 인생도 돌아보게 되었다.

네 가지 시기 중 나는 언제 가장 행복했을까?

'산타를 믿었던 시기'와 '산타로 활동하던 시기'를 떠올리니 생각만 해도 웃음이 났다. 그래, 그때가 조금 더 행복했던 것 같다.

'올해 크리스마스에는 산타가 어떤 선물을 줄까?', '이번 크리스마스 선물을 딸이 본다면 어떻게 반응할까?' 하는 기대감이 있었기 때문이다.

그렇다. 사람은 어떤 기대가 있을 때 행복하다. 그리고 실제 벌어지는 일보다 이 기대하는 마음 때문에 더 행복을 느낀다. 운동회 당일보다 하루 전날 달리기에서 1등 하는 상상을 하며 행복해하고, 막상 가보면 별것 없는 수학여행보다 수학여행을 기다리는 일주일이 더 행복하다. 좋은 일이 벌어질 것이라는 기대가 행복을 만들기 때문이다.

인생도 이와 비슷하다. '나는 망할 거야', '내가 잘될 리가 없어'라는 생각보다 '나는 잘될 거야', '지금보다는 나아지겠지', '월급이 조금은 오르겠지'라는 기대감으로 살아야 인생이 즐겁다.

미래에 대한 기대 없이는 팍팍한 인생을 버티기 힘들다. 그래서 많은 사람이 기대라는 희망을 품고 살아간다. 반대로 이 기대가 무너지면 좌절하고 실망한다. 그게 우리네 인생이다. 기대라는 외줄을 타며 희망에 부풀고, 좌절에 몸서리친다.

빅터 프랭클의 《죽음의 수용소에서》라는 책을 보면 이런 이야기가 나온다. 나치의 강제수용소에 갇힌 사람들은 하루하루가 지옥이고 차라리 죽고 싶은 심정이다. 인간 이하의 삶에 매번 좌절하고 힘겹다.

이런 그들의 삶의 태도가 바뀌는 시즌이 있는데, 바로 크리스마스를 며칠 앞둔 날들이다. 그들은 크리스마스가 가까워질수록 생기가 돌고 삶의 의욕이 커진다. 크리스마스가 되면 풀려날 수도 있을 거라는 막연한 기대가 수용자들의 몸과 행동에 영향을 미친 것이다.

하지만 크리스마스가 지나도 아무 일이 일어나지 않는다. 실망감에 이전보다 더 많은 사람이 이 시기에 죽어 나간다. 희망이 사라졌기 때문이다.

안타까운 일이지만, 상황을 다시 보면 좀 더 멀리 보지 못하고 눈앞의 막연한 기대를 품었던 사람들이 맞이한 최후였는지도 모른다. 물론 수용소에서의 환경과 인간의 신체적 한계 때문에 멀리 보기는 힘들었겠지만, 결국 수용소에서 나와 일상으로 돌아간 사람들은 좀 더 먼 곳에 기대를 품었던 사람들이었다. 눈앞의 크리스마스가 아닌 종전과 해방이라는 먼 미래를 기대하고 하루를 버틴 사람들이었다.

사람들의 신분 변화에 대해서 50년간 연구를 지속해 온 하버드 대학의 에드워드 밴필드 교수는 '시간 전망Time Perspective'이라는 개념을 제시한 바 있다. 이는 자신의 미래에 대해서 어느 정도의 시간까지를 고려하고 있는지에 대한 감각을 뜻한다. 남아 있는 시간을 어떻게 인지하고, 해석하느냐에 따라 현재의 마음가짐과 행동이 달라진다는 것이다.

그는 연구를 통해 한 개인의 성공을 이끄는 여러 가지 요소들 중에서 '시간 전망'을 가장 중요한 요소로 꼽으며 성공한 사람일수록 시간 전망이 길다고 했다. 단기적인 희생이 미래의 성공을 담보한다는 믿음으로, 현재를 버티고 이겨 내는 사람이 성공할 확률이 높다는 것이다.

물론 미래에 대한 기대가 지금의 고통을 해소하지 못하고 미래마저 담보하지 못할 수 있다. 미래를 담보로 현재를 희생하라는 말이 요즘의 가치관과 다른 이야기로 들릴 수도 있다. 하지만 지금의 힘듦이나 고통도 끝이 아니고 하나의 과정이라는 것을 이해한다면 적어도 지금보다 만족스러운 회사 생활을 할 수 있지 않을까?

면허를 따고 처음으로 운전 연습을 하던 날, 핸들을 잡은 손에 힘이 들어가고 차가 자꾸 흔들렸다. 옆에 앉아 계셨던 아버지께서 주의를 주셨다. 좀 더 정확하게 말하면 화를 내셨다. 이래서 운전 연습은 돈 주고 다른 사람에게 배우나 보다 싶었다. 마음의 소리가 들렸던 것일까? 아버지께서 조금은 따뜻하게, 그러나 강한 어조로 이렇게 말씀하셨다.

"아들, 좀 멀리 봐. 자꾸 흔들리잖아."

지금 막 회사라는 차에 올라탄 요즘 세대들의 처지도 이와 비슷하지 않을까? 차에 비유하자면 가고 싶은 곳도 가고, 액셀도 마음껏 밟고 싶은데 현실은 내 마음 같지 않다. 하루에도 몇 번씩 '더 다녀야 하나?', '이직하고 싶다', '퇴사할까?'를 고민하고 흔들리는 시기다. 그래 맞다. 흔들린다. 하지만 흔들리는 청춘에게 이런 말을 해 주고 싶다.

"가끔은 멀리 봐. 그래야 안 흔들려."

Part 4 ○

꼰대의 사회력

배려라는 연기를
좀 해 볼까?

'배려'의 사전적인 정의를 찾아보면 '짝 배配'에 '생각할 려慮'를 써서 '마음으로 다른 사람을 생각하는 것'이라고 한다. 하지만 상하 관계, 상명하복이 여전히 존재하는 조직 문화에서 배려하는 마음이 생기기란 어려울지도 모르겠다.

마음이 없다면 스킬이라도 발휘해 보자. 몇 가지 기술만 갖추면 충분히 배려라는 연기를 할 수 있다. 비록 진정성 있는 마음은 아닐지라도 그 연기가 상사에게 충분히 전달이 되면, 받아들이는 입장에서는 진심으로 받아들일 수도 있다. 많은 기법이 있지만 여기서는 세 가지만 소개한다.

1. 테이크에는 기브로 돌려준다

점심 한 끼를 사 줘도 다음 날 커피 한 잔을 사 오며 '잘 먹었습니다'라고 말하는 사람이 있고, 비싼 저녁을 사 줘도 상사니까 당연히 사는 것이라고 생각하는 사람도 있다. 물론 속으로는 고맙다고 생각할 수도 있겠지만, 그 마음을 겉으로 표현하지 않으면 알 길이 없다. 고맙다고 말하거나 선배나 상사에게 커피한 잔 사 줄 수 있는 행동도 표현을 해서 아는 것이다.

아무리 작은 배려라도 그에 따르는 어려움은 반드시 있다. '남의 짐은 가벼워 보인다'라는 말처럼 자기가 하는 일은 힘들고, 남이 하는 일은 쉽다고 느껴지는 순간 그 관계는 끝이 난다. 이것은 어떤 관계에서도 마찬가지일 것이다. 배려와 친절, 그 사소함을 잊지 않는 것, 이것이 배려의 시작이자 첫 번째 기술이다.

2. No, Because 말고 Yes, But 해 보자

세상에는 두 종류의 사람이 존재한다. '나' 그리고 '타인'이다. 특히 상사와 나는 시대적인 경험 차이로 인해 많이 다른 사람이다. 생각이 다르고 의견은 대립한다. 때로 상대방의 주장이 이해되지 않고, 억지스럽게 들릴 때가 있다.

이때 종종 튀어나오는 말이 "그건 아닙니다. 왜냐하면"이다. 인간의 방어적인 기제 때문이기도 하고, 내 의견을 어필하기 위해 본능적으로 튀어나오기도 한다. 이때 순서를 바꿔보자. 'No,

Because'가 아니라 'Yes, But' 하고 말하는 것이다. "그런 측면도 있지만"으로 상대의 말을 먼저 인정하고 내 의견을 펼치는 화법이다. 내 의견에 대한 상대의 수용도가 조금은 올라가는 것을 경험할 수 있을 것이다. 일단 잽은 받아 주고 훅을 날리는 것, 이것이 내가 연기할 수 있는 두 번째 배려의 기술이다.

3. 칭찬은 고래를 춤추게 하고, 상대를 날게 만든다

직장인이라면 누구나 인정과 칭찬을 갈구한다. 일을 마무리하거나 보고가 끝난 순간 칭찬의 박수가 날아들기를 기대한다. 일하는 데 있어서 칭찬은 월급과 휴가 보상만큼 큰 기쁨과 보람을 준다.

사람에게는 누구나 인정받고 싶은 욕구가 있다. 누구나 가지고 있는 감정이다. 상사도 마찬가지다. 다른 사람보다 높은 곳에 있을 뿐 그들에게도 인정과 칭찬이 필요하다.

"팀장님이 말씀한 ○○을 반영했습니다. 이것을 보완하니 더 큰 틀이 만들어진 것 같아요."

"과장님이 주신 정보를 참고하니, 아이디어가 좀 더 구체화되고 현실성이 높아졌어요."

자신이 존중받는다는 기분, 그것은 어떤 칭찬보다 기분 좋고 어떤 말보다 힘이 있다. 보고의 순간, 칭찬을 받고 싶은 마음을 잠깐 뒤로하고, 상대를 칭찬할 방법을 찾아보자. 이것이 직장에서 연기할 수 있는 세 번째 배려의 기술이다.

15년간 직장생활을 하면서 진급해서 리더의 자리에 오를수록 혼자 밥을 먹는 시간이 많아졌다. 때론 밥 먹는 시간도 아끼면서 일했다. 사실 또 다른 이유도 있었다. 팀원들과 함께 밥을 먹고 싶지만, 밥 먹자는 제안을 거절당할까 봐 두려웠기 때문이다. 거절하지는 않더라도 같이 밥 먹는 것을 팀원들이 싫어할까 봐 눈치가 보였다. 이 시대 꼰대는 그렇게 직원들의 눈치를 보며 살아간다.

이때 "파트장님, 밥 한번 드시죠", "상무님, 밥 사 주세요"라는 한마디는 가뭄에 단비처럼 반가운 말이었다. 왠지 직원들한테 인정받고 있다는 기분이 들었다. 별거 아닌 "밥 한 끼 먹자"라는 말이 나에게는 작은 인정이자 큰 감동이었다.

설령 갑작스러운 제안이 당황스러워서 혹은 선약이 있어서 또는 기타 사정에 의해서 그 제안을 거절한 적도 몇 번 있었지만 그 한마디를 해 준 직원의 마음까지 거절하지는 않았다.

물론 함께 먹는 직원들에게는 조금 불편한 일이기도 하다. 하지만 일단 던져보고 같이 안 먹으면 땡큐요, 같이 밥을 먹더라도 한 시간 투자로 상사와의 관계가 조금이라도 더 좋아진다면, 굳이 돈 한 푼 안 드는 '밥 사 주세요'라는 말 한마디를 아낄 필요가 있을까?

의외로 책상머리에서는 표독스러운 상사가 밥상머리에서는 따뜻한 선배이자 멘토가 될 수도 있다. 해 보기 전까지는 모르는 일이니, 눈 한번 딱 감고 먼저 꺼내 보면 어떨까? 진심에서 나오는 제안이라면 금상첨화겠지만, 그것이 어렵다면 "밥 한 끼 같이하자"라는 말로 배려를 연기해 보는 것도 좋다.

고맙습니다
실종시대

강의로 먹고산 지 언 석 달이 되었을 무렵, 다른 강사들과 차별화를 시도하면서 강의 자료를 메일로 보내 주는 서비스를 생각해 냈다. 처음에는 요청하는 사람이 있을까 싶었지만, 강의가 끝나면 어김없이 강의 자료를 요청하는 메일이 몇 통 와 있었다.

특히 신입사원 교육이 끝나고 나면 강의 자료를 요청하는 메일이 쇄도한다. 메일에는 교육 자료가 필요한 이유와 명분이 빼곡히 담겨 있었다. 가끔은 오히려 내가 미안할 정도로 구구절절한 사연을 쓰는 친구들도 있다. 강의 자료를 보내주는 것은 한 번도 거절한 적이 없고 앞으로도 거절할 생각이 없다. 하지만 최근 들어 회의감이 들곤 했다.

화장실에 가기 전과 나올 때의 마음이 다른 것은 사람인 이상 어쩔 수 없는 것일까? 자료를 요청할 때와 받은 후에 보이는 수강생들의 태도가 무척 달랐다. 이것은 내가 통계로도 증명할 수 있는데, 열 명 중에 아홉 명은 자료를 받기 전까지의 예의만 보여준다. 딱 거기까지가 그들이 보여 주는 예의의 전부다. '잘 받았다, 고맙다'라는 회신은 없다. 분명 수신 확인이 되어 있지만, 그 누구에게도 '고맙다'라는 회신이 오지 않았다.

혹시나 메일이 제대로 안 갔나 싶어서 몇 명에게는 자료를 잘 받았는지 확인하는 메일도 보내 봤지만, 이 역시 수신 확인만 할 뿐 회신하는 사람은 단 한 명도 없었다.

자료를 보내 줬다고 해서 어떤 대가나 보상을 기대했던 것은 아니다. 단지 '잘 받았다', 나아가서 '고맙다'는 인사 정도면 충분했을 것이다. 그런데 그마저 돌아오지 않는 현실 앞에 회의감이 들었다.

다행히 며칠 후 위의 상황과 대조되는 경험을 해서 '그래도 아직 사람 사이의 정이 남아 있구나'를 느낄 수 있었다.

지인과 야구장에 가기로 약속을 했는데, 내가 티켓 예매를 자처했다. 예매하기 전에 지인에게 약속 일정을 확인하는 문자 메시지를 보냈다. 곧바로 답장이 왔다. 답장의 내용에는 티켓을 예매하는 번거로움과 불편함을 알기에 고마움의 표시로 티켓값은 본인이 내겠다는 내용이었다. 물론 괜찮다고 했다. 대신 두산 팬인 지인과 한화 팬인 내가 그날 경기 결과에 따라 티켓값을 내자고 제안했다. 지인은 흔쾌히 동의했다.

물론 그 내기에 이기고 싶은 마음도 있었지만, 설령 내기에 져서 티켓값을 내더라도 전혀 아깝지 않을 것 같았다. "고맙다"라는 말 한마디로 충분히 보상이 되었기 때문이다. 티켓 오픈 시간 30분 전부터 노트북 앞에서 대기하고, 좋은 좌석을 차지하기 위해 스트레스를 받고, 티켓 예매를 위해 수없이 클릭을 하느라 손목이 욱신거렸지만 지인이 내뱉은 "고맙다"라는 한마디에 마음은 충분히 따뜻했다.

커피 한 잔 사 주는 것, 엘리베이터 문을 열어 주는 것, 길을 알려 주는 것과 같은 사소한 배려에도 상대방의 노력이 담겨 있다. 보이는 것은 비록 작을지라도 보이는 것이 전부는 아니다.

다른 사람이 베푸는 배려나 관심에 "고맙습니다"라고 말해 보자. "고맙습니다"에는 인정과 보상의 의미가 담겨 있다. 인정과 존중은 인간의 고차원적인 욕구인데 이 욕구를 충족시키는 가장 쉽고 효과적인 방법이 "고맙습니다"라고 말하는 것이다. 당신의 노력과 번거로움에 대한 나의 인정이며 물질적인 보상보다 더 큰 의미를 전할 수 있다.

해시태그는 SNS에서만 쓰는 것이 아니다

얼마 전 평소 친하게 지내는 선배가 부탁 하나를 했다. 회사에서 진행하는 모 대학교의 기획 관련 교재 개발을 도와 달라는 것이었다. 평소 도움을 많이 받은 선배이기에 흔쾌히 수락했다.

프로젝트가 끝나고 며칠 후, 선배에게 다시 전화가 왔다. 교재의 내용이 좋아서 고객사에서 매우 만족해했다는 내용이었다. 선배는 고마움에 소정의 수고비를 입금해 왔다. 큰 금액은 아니었지만 다시 한 번 마음을 써 주는 선배의 마음이 고마웠다.

하지만 이후에 벌어진 일에 비하면 그 고마움은 아무것도 아니었다. 며칠 후 낯선 번호로 문자가 왔다.

작가님, 이번 교재 개발에 큰 도움을 주셨다고 들었습니다. 작가님 덕에 저희 프로젝트를 무사히 끝낼 수 있었습니다. 정말 감사합니다.

선배 회사 대표가 보낸 문자였다. 빠르게 상황을 파악해 보니 대략적인 시나리오가 그려졌다. 그 선배가 이번 교재 개발을 하는 데 내 도움이 컸다고 회사 대표에게 공치사를 해 준 것이었다. 아마 이런 상황이 연출되지 않았을까 싶다.

"박 실장님, 이번 교재 개발을 잘했더군요. 수고 많으셨어요."

"네, 대표님. 감사합니다."

여기에 선배는 한마디를 덧붙였을 것이다.

"대표님, 이번 교재 개발은 제 힘으로만 한 것은 아닙니다. 임영균 작가의 도움이 있었습니다. 그분의 지원 덕분입니다"라고 말이다.

내가 한 일이 어떤 성과를 내고 누군가에게 칭찬과 인정을 받는 순간, 과연 내 실력이나 노력 외에 다른 사람의 도움이 있었다고 말하는 사람이 얼마나 될까?

"○○ 대리의 도움이 컸습니다."

"○○ 팀의 지원이 좋았습니다."

"○○ 과장이 낸 아이디어 덕분입니다."

이렇게 공을 나눌 용기와 겸손 말이다.

보이지 않는 경쟁이 펼쳐지고 암암리에 사내 정치가 만연한 회사에서 공개적으로 남을 칭찬하고 공을 나누는 것은 그렇게 쉬운 일은 아니다.

나를 드러내고 싶은 욕심과 모든 것을 내 공으로 만들고 싶은 이기심이 앞서기 때문이다. 때론 그 사람의 도움을 잊어버리거나 당연한 것으로 생각하기도 한다.

하지만 "○○ 덕분입니다", "○○의 도움이 있었습니다", "○○가 아이디어를 주었습니다"라고 말하는 것은 나의 겸손함을 드러낼 뿐만이 아니라, 남을 인정할 줄 아는 사람이라는 인식을 준다.

나아가 내가 인정한 그 사람이 나중에 기회가 있을 때 다시한 번 나를 도와줄 수도 있다. 논공행상을 하는 자리에서 그 사람을 잊지 않고 같이 드러낸다면 그 사람은 다음 기회에도 기꺼이 나를 도와주고 싶어 한다.

영화배우들이 영화제 시상식에서 다 외우지도 못하는 그 많은 이름을 열거하는 것도 이와 비슷한 이유일 거다.

어느 날 TV로 오디션 프로그램을 보고 있었다. 그날은 여러 가지 미션 중 일대일로 겨뤄서 한 명이 떨어져야 하는 대결이었다. 이 미션에 임하는 A와 B의 표정이 사뭇 비장했다. 본공연을 앞두고 둘이 연습하는 시간이 주어졌다. 10년쯤 선배로보이는 A가 후배 B에게 마지막 부분을 이런 가사와 리듬으로하면 더 좋을 것 같다고 조언했디. B는 그 조언을 받아들였고,

본 공연에서 둘의 공연은 성공적으로 끝났다. 심사위원들의 칭찬이 이어졌다.

"와, 마지막 부분 정말 좋았어요. 어떻게 그런 생각을 할 수 있었죠?"

B의 답변이 이어졌다.

"네, 감사합니다. 더 노력하겠습니다."

그 순간 모든 스포트라이트는 B를 향했고, B는 가장 빛나는 사람이 되었다. 물론 승리도 B의 몫이었다. 하지만 그 운이 어디까지 갈지는 모르겠다. B는 심사위원들의 칭찬 앞에 겸손의 미덕은 발휘했지만, 결정적으로 이 한마디를 생략했기 때문이다.

"A의 도움이 컸습니다."

그 순간 B는 A의 도움을 깜박했을 수도 있다. 하지만 다른 시청자는 알고 있다. 그게 온전히 B만의 실력이 아니었다는 것을 말이다. 앞으로 계속해서 오디션을 이어갈 B에게 누군가 다시 도움의 손길을 내밀지 미지수다.

회사에서도 마찬가지다. 모든 일을 혼자 다 할 수는 없다. 많든 적든 누군가의 도움이 필요하다. 그리고 그때의 그 도움을 기억하고 알아주는 것, 나아가 그 노력과 가치를 인정하고 제대로 갚을 줄 아는 것, 그것은 분명 그 사람을 좀 더 빛나게 하고, 앞으로 더 많은 일을 할 기회를 만들어 줄 것이다.

상사의 칭찬이 날아드는 순간 #김 대리의 아이디어, # 박 사원의 자료 지원, #회계팀의 협조, #김 사원의 인터뷰 등의 태그를 건다면, 앞으로 더 큰 기회를 만들고 함께 성장하는 사람이 될 것이다. 그렇다. 해시태그는 SNS에만 필요한 것이 아니다.

미안합니다
가출 사건

나는 오랜 프로 야구 팬이다. 벌써 30년째 지켜오는 팬심인데, 최근 여러 가지 이유로 팬심이 흔들리고 있다. 꼴찌를 오가는 팀의 성적도 한몫하지만, 프로 야구의 고질적인 문제이자 개선의 여지가 없는 몇 가지 상황들로 인해 프로 야구에 대한 흥미가 점점 떨어지고 있다.

최근 벌어졌던 승부 조작 사건이나 결정적인 순간마다 발생하는 오심은 프로 야구에 대한 실망감을 키웠다. 게다가 가끔씩 경기 도중 보이는 선수들의 예의 없는 장면에 오만 정이 떨어지기도 한다. 특히 상대 팀 타자를 공으로 맞히고 보이는 투수의 태도에서는 스포츠맨십이라고는 찾아볼 수 없다.

냉정한 승부의 세계를 떠나서 실수든 고의든 140킬로미터의 강속구를 상대편 선수의 몸으로 던지는 것은 엄청난 위협이고 명백한 잘못이다. 하지만 이때 투수들이 보이는 태도는 좀처럼 이해할 수가 없다. '내 볼 맛이 어때?', '앞으로는 조심 좀 하지?'라는 적반하장의 태도는 냉정하다 못해 저게 사람인가 싶을 정도로 화가 치민다.

'도대체 왜 저러는 걸까?'

그 이유가 궁금했다. 야구단에 인맥이 있는 지인을 통해 그 이유를 물어봤다. 돌아온 답변은 이랬다.

"선수로서의 자존심, 팀으로서의 자존심 때문에 야구계에서는 위협구를 던진 후에도 사과하지 않는 것이 불문율처럼 이어지는 거야."

야구판에서는 '자존심'을 '예의'와 맞바꾸고 있었던 것이다.

이런 장면은 회사에서도 연출된다. 나의 잘못과 실수로 벌어진 일에 대해 좀처럼 사과하지 않는다. 회사에서는 사과를 하는 순간 내 잘못이 되고 내가 책임을 져야 하기에 "미안합니다"라는 말을 하기가 쉽지 않다. 결국 사과의 국면에서 핑계구를 던진다. "그게 아니라", "업체에서 지연시켜서", "김 대리가 자료를 늦게 줘서…" 등.

여기에 자존심까지 끼어든다. 미안하다고 말하는 순간, 상대방이 나를 무능력하거나 무지한 사람이라고 생각하지 않을까, 나약한 사람으로 보지는 않을까 하는 두려움이 앞서는 것이다. 사과가 패자의 언어라는 생각이 깔려 있기 때문이다.

하지만 사과는 패자가 아니라 승자의 언어다. "제가 잘못했습니다", "제 책임입니다"라고 말할 수 있는 용기는 겸손과 인정의 표현이자 모든 걸 극복하고 다시 잘해 낼 수 있다는 자신감의 발로이기도 하다. 지금 당장은 자존심이 상하더라도, 그것을 발판으로 더 나은 나와 마주할 기회를 만들어 내겠다는 의지다. 오히려 나약하고 열등감에 휩싸여 있는 사람이 사과에 인색하다. 두려움이 앞서기 때문이다.

물론 사과는 아프다. 영어 'sorry'의 어원도 'sore(아픈)'에서 나왔다고 한다. 하지만 아픔의 크기만큼 더 성장하고 성숙하는 계기가 되기에 정말 필요한 순간에는 미안하다는 말을 아끼지 말아야 한다. 그리고 이왕이면 사과도 제대로 하는 것이 좋다. 사과의 기술 세 가지를 소개한다.

1. 사과는 깔끔하게 한다

자존심을 지키기 위한 변명은 하지 않는다. "죄송합니다. 제 잘못입니다", "제 책임입니다"가 군더더기 없이 좋다. "제가 바빠서", "잘 몰라서"는 뒤로 넣어두자. 사과를 핑계와 함께 쓰면 사과하지 않은 것만 못하다.

2. 인정과 책임을 표현한다

"죄송합니다"라는 사과가 끝이 아니라 "시간 관리가 부족했습니다", "데이터를 잘못 분석했습니다" 등으로 어떤 부분에서 실수했고, 어떤 부분을 잘못했는지를 명확하게 표현해야 상대 방이 이해하고 공감할 수 있다.

3. 개선 의지를 표명한다

최고의 사과는 역시 진심으로 인정하고 반성한 후에 개선 하는 것이다. 그런 의미에서 가장 완벽한 사과는 다음에 동일한 상황에서 같은 실수를 만들어 내지 않을 것이라는 의지를 보여 주고 실천하는 것이다.

상대가 누구든 내가 '위협구'를 던졌으면 그다음은 '평계 구'가 아니라 '사과구'를 던지자. 야구판이든 직장판이든 "죄송 합니다", "미안합니다"가 언제든 어우러지는 세상이 왔으면 좋 겠다.

끼어들 땐
깜빡이 좀 켜자

강의 횟수가 부쩍 많아진 요즘 서울이나 부산과 같은 대도시뿐
만 아니라 제천, 파주, 보령 등 지방 강연도 간다. 기차나 버스 등
의 대중교통이 닿지 않는 곳도 있다. 어쩜 그리 연수원들을 산속
에 꼭꼭 숨겨서 지어 놨는지 갈 때마다 곤혹스럽다. 교통편이 마
땅치 않아 대부분 차로 이동하는데, 기름값을 한 푼이라도 아껴
보겠다고 주로 셀프 주유소에서 기름을 넣는다.

어느 날인가 지방 강의에 가는 길이었는데, 시간이 빠듯했
다. 정신없이 차를 몰고 가는데 연료마저 뚝 떨어졌다. 고속도
로 한복판에서 차를 세워 본 경험이 있는지라 공포가 엄습했다.
일단 보이는 주유소부터 급히 찾아 들어갔는데 다행히 선호하

는 셀프 주유소였다. 급하게 주유구를 열고 주유를 하려고 주유총을 빼 들었을 때였다.

주유기 반대편에서 갑자기 머리통 하나가 불쑥 튀어나오는 것이 아닌가.

"휘발유랑 무연 휘발유가 같은 건가요?"

순간 훅 들어와서 심장이 떨어지는 줄 알았다. 머릿속에는 온통 빨리 주유하고 출발할 마음뿐이었는데, 너무 놀라서 들고 있던 주유총을 하마터면 떨어뜨릴 뻔했다.

다른 곳에 신경쓰고 있어서 갑작스럽게 말을 거는 것에도 놀랐지만, 순간 나보고 "경유차에 왜 휘발유를 넣냐?"라고 이야기하는 줄 알고 더 놀랐다. 듣고 싶은 것만 듣는 '선택적 주의'가 발동되면서 '휘발유'라는 단어를 듣는 순간 내가 뭔가 잘못하고 있는 줄 알았던 것이다. 다행히 내 손에 들려 있는 것은 휘발유 총이 아닌 경유 총이었다.

정신 차리고 보니 반대편에서 주유하려는 분이었다. 내가 놀라는 모습에 그분도 놀란 눈치였다. 놀란 가슴을 진정시키고 뭐라고 하셨는지 다시 묻자 "제가 오늘 차를 처음 가지고 나왔는데요. 친구가 휘발유만 넣으라고 했는데, 아무리 찾아봐도 휘발유는 없어서요. 혹시 무연 휘발유와 휘발유가 같은 건가요?"

그 질문에 갑자기 픽 웃음이 나왔다. 내가 놀랐던 상황이 어처구니가 없었기 때문이다. 사정을 들어보니 그분의 상황이 이해가 안 가는 것도 아니었다. 친절하게 알려주고 돌아섰지만 그 상황에서 그렇게 훅 들어왔어야 했나 하는 아쉬움이 남았다. 시간이 없어서 다시 강의장으로 급하게 차를 모는데, 나보다 더 급한 사람이 있었는지 내 앞에서 깜빡이를 켜고 끼어들기를 시도했다. 그때였다.

'차가 끼어들 때도 이렇게 깜빡이를 켜는데 사람이 사람한테 끼어들 때도 깜빡이를 켜야 하는 게 아닐까?'

운전할 때, 내 차 앞으로 다른 차가 깜빡이도 안 켜고 훅 들어온다면 놀라서 자칫 사고가 날 수 있다. 거의 대부분의 차가 깜빡이를 켜고 들어온다. 일종의 신호이자 예의다. 마찬가지로 사람 사이에서도 깜빡이 역할을 할 수 있는 어떤 시그널이 필요하지 않을까?

살다 보면 길거리나 어딘가에서 모르는 사람에게 무언가를 물어볼 수 있고 부탁할 수 있다. 충분히 있을 수 있는 일이다. 하지만 본인이 궁금한 것을 묻기 전에 먼저 해야 할 말이 있다.

전혀 모르는 타인의 영역으로 들어갈 때는 그에 걸맞은 의사 표현을 하고 예의를 갖춰야 한다. 그 한마디를 생략하면 나처럼 심장이 약한 사람은 놀라 자빠질 수도 있고, 뭔가를 급하게 처리하고 있었던 사람들은 방해를 받을 수도 있다. 심지어 누군가의 기분을 상하게도 한다.

만약 그분이 나에게 "저기 실례합니다", "잠시 말 좀 묻겠습니다" 정도의 말로 깜빡이를 켰더라면 서로 그렇게까지 놀랄 일이 없었을 것이다.

비슷한 상황은 길거리에서 길을 물어볼 때도 자주 연출된다. 내 경험으로는 열 명 중 아홉 명은 대부분 이런 식으로 길을 묻는다.

"광화문역 어떻게 가요?"

"서울의료원이 어디예요?"

다짜고짜 말을 건다. 그냥 훅 들어온다. 남의 시간과 공간보다 내가 가야 할 길을 아는 것이 더 중요하다. 심한 경우 내가 가는 길을 정면에서 막아서며 길을 묻는 경우도 있었다.

"실례합니다. 길을 좀 물어볼 수 있을까요?"라는 어렵지 않은 한마디로 정중하게 길을 물어오는 사람은 정말 열에 한 명될까 말까다.

우리가 쓰는 말 중에 소위 '쿠션어'라고 하는 말들이 있다. 집의 소파나 침대 위에 굴러다니는 소품 중에 '쿠션'은 사실 있어도 그만, 없어도 그만인 소품이다. 하지만 그냥 소파보다는 쿠션 한두 개 정도 있는 소파에 누우면 좀 더 아늑하고 포근한 공간이 될 수도 있다. 쿠션어의 개념도 바로 이 쿠션에서 나온 말이다. 꼭 필요한 말은 아니지만 혹시라도 딱딱하게 전달될 수 있는 내용을 부드럽게 연결하는 말을 일컫는다.

◦ 쿠션어

실례합니다. 길 좀 물을 수 있을까요?

번거로우시겠지만, 다시 한 번 보내 주실 수 있나요?

꼭 필요한 단어는 아니지만 적절하게 사용하면 자칫 애먼 상황이나 딱딱한 분위기를 만드는 상황을 미연에 방지하고, 상대방을 배려한다는 인상을 줄 수 있다. 갑자기 상대방의 영역으로 들어갈 때나 뭔가 부탁을 해야 할 때 깜빡이 역할을 해 주며, 상대방이 귀를 기울일 준비를 하게 하는 역할을 한다. 특히 회사에서 유용하게 쓰인다.

"선배님, 시간 괜찮으시면 잠깐 몇 가지 물어봐도 될까요?"

"대리님, 잠시만 실례할게요. 자료를 요청하려고요."

얼마 전 모 회사에서 강의를 하는 날이었다. 강사는 쉬는 시간에도 할 일이 참 많다. 음악도 틀고 화이트보드도 지우고, 다음 시간 교안도 확인해야 하니 쉬는 시간인 10분이 짧게만 느껴진다. 바쁘게 움직이고 있는데 어느 신입사원 교육생이 말을 건네 왔다.

"강사님, 실례합니다. 목마르실 것 같아서 물 하나 사 왔습니다."

행동도 고마웠지만, 그전에 뭔가 집중하고 있는 나를 배려해 '쿠션어'를 사용하며 내 영역으로 들어오는 면이 더욱 고맙게 느껴졌다. 타인의 시간과 공간을 지켜 주며 접근하는 방식은 사람 간의 관계를 더욱 부드럽게 만든다. 이런 윤활유와 같은 언어 사용이 좀 더 많아졌으면 좋겠다.

누구에게나 개인의 시간과 공간은 중요하다. 나에게 중요하다면 상대방에게도 중요하다. 서로 지켜 주려는 노력이 필요하다. 특히 생면부지 타인의 영역으로 들어갈 때는 작은 시그널 정도는 송신하는 센스가 필요하다. 잊지 말자. 상대방의 영역으로 들어갈 때는 반드시 깜빡이 먼저 켜야 한다는 사실을 말이다.

상대방의
시간과 공간에 대한
배려를 담아
사람에게 끼어들 때도
깜빡이를 켜는 건
어떨까?

No에도
기술이 있다

첫 직장에 입사하고 얼마 안 되었을 때의 일이다.

사내 행사가 있어 대회의실을 사용해야 했기에 예약을 하려고 보니 이미 예약이 되어 있었다. 아차 싶어서 급하게 담당자를 찾아가 사정을 이야기하며 부탁했지만, 담당 직원은 콧방귀도 안 뀌었다. 게다가 거절을 넘어서 신경질에 가까운 반응을 보였다. 무안하고 화가 났지만, 미리 챙기지 못한 나 자신을 탓하며 포기하고 돌아서는데 담당자의 짜증이 섞인 한마디가 더 날아들었다.

"그렇게 중요하면 미리미리 예약을 해 놓던가."

충분히 거절 의사까지 확인했는데, 굳이 그렇게까지 말할 필요가 있었을까? 'No'라고 말했으면 그만이지 안 해도 될 말까지 해서 내 신경을 자극했다.

회사는 공동체다. 공동의 목적을 위해 존재하는 곳이다. '나'라는 사람은 개인으로 존재하지만, 조직이라는 거대한 그물망에서는 어딘가의 점으로 존재한다.

그래서 일을 하다 보면 협업해야 할 상황이 발생하기도 하고 상사나 선배, 동료로부터 전방위적인 부탁이 날아든다. 주변의 부탁이나 협조 요청으로부터 자유롭기가 힘들다.

가급적 돕고 협력하고 의지하는 것이 좋겠지만, 때론 'No'라고 말해야 하는 경우도 있다.

물론 현실 조직에서 거절을 하기 힘든 상황이 자주 연출된다. 하지만 적절한 타이밍에서의 거절은 내 존재감이나 가치를 높일 수도 있고, 업무를 관리할 수 있는 중요한 수단이 되기도 한다. 상대방에게 물어볼 자유가 있듯이 나에게도 거절할 자유가 있다는 것을 알릴 필요도 있다.

그러나 같은 거절이라도 기분 나쁘게 하는 사람이 있고, 정중하게 하는 사람이 있다. 어떤 차이가 있는 것일까? 거절할 때 필요한 세 가지 기술을 소개하겠다.

1. 단호하면서 분명하게 그러나 예의를 갖춰서 말하라

'No'라고 말할 때는 확고한 의지를 가지고 말하되 예의를 담아서 표현하는 것이 좋다.

"시간이 좀 부족할 것 같긴 한데", "자료 조사가 어려울 것 같은데", "지금 좀 바빠서"가 아니라 "내가 할 수 없다", "불가능하다", "안 된다" 등으로 정확하게 의사를 표현하는 것이 좋다.

거절하는 것이 어렵고 불편하다고 해서 순간을 모면하기 위해 상대방에게 여지를 남기는 것은 오히려 좋지 않다. 짝사랑하는 사람에게 희망 고문이 오히려 고통이 되듯이, 부탁하는 사람에게도 여지를 남기는 것이 괜한 기다림과 고통을 줄 수 있다.

대신 거절할 때 말은 부드럽게 해야 한다. '단호하게'라는 뜻이 '예의 없게' 하라는 말은 아니다. 정중하게 표현해야 한다. 귀찮다거나 무시한다는 느낌이 들지 않게 하는 것이 중요하다. 여기에 마법과도 같은 표현인 "해 드리고는 싶은데", "도와드리고는 싶은데"라는 양념 하나를 얹혀서 말한다면 좀 더 부드럽게 거절할 수 있다.

2. 거절의 이유를 설명하라

거절할 때는 반드시 이유를 이야기하는 것이 좋다. 'What(거절)'만 하지 말고, 'Why(거절의 이유)'를 같이 이야기하는 것이다. 내가 왜 이렇게 말을 하는지에 대한 이유를 전달하면 듣는 사람의 수용도를 높일 수 있다.

"이 음료수 마시지 마"보다 "이거 공장 폐수 지역에서 만든 거래. 마시지 마"가 더 강력하고, "지금 못할 거 같아"보다 "내일까지 제출해야 될 보고서 때문에 지금 여력이 없어"가 더 설득력 있다.

3. 대안을 제시한다

가끔 편의점이나 상점에 갔는데 내가 찾는 물건이 없는 경우가 있다. 이때 점원의 반응은 크게 두 가지다. 첫 번째 가장 흔한 유형은 "그런 것 없습니다"라고 단호박으로 말하는 유형이다. 두 번째는 "A는 없지만, B는 어떠세요?"라고 되묻는 유형이다. 피치 못할 사정에 의해 고객의 요구를 거절하기는 하지만 고객의 문제를 해결하고자 대안을 제시하는 경우다. 손님은 점원이 제시한 대안의 가치나 그것의 선택 여부와 무관하게 고맙게 느껴지는 것은 당연한 일이다.

거절하는 법을 보면 그 사람의 성숙함을 알 수 있다고 한다. 내 입장만 생각하고 단호박으로 거절하는 사람이 있는 반면, 거절을 당하는 상대방의 마음까지 헤아리는 사람도 있다. 거절하더라도 상대방의 마음까지 헤아리고 배려한다면 반대의 상황에서 오히려 도움을 받게 될 것이다.

물론 거절 이전에 도와주고 협조하는 것이 가장 좋은 대처 방법이지만, 불가피하게 'No'라고 말해야 한다면 위의 세 가지 기술을 적용해 보자.

명확하지만 예의 바르게, 구체적인 이유를 들어서, 대안까지 제시하는 것이다. 상대방의 거부감도 줄이고 내가 거절하는 것의 불편함이나 미안함도 조금은 덜게 될 것이다.

센스는
선빵 날리기 기술이다

'고객이 시켜서 하면 심부름, 내가 먼저 하면 서비스.'

예전 회사 근처의 음식점에 붙어 있던 플래카드 문구다. 보면서 참 멋있는 문장이라고 생각했다. 앞뒤가 정확하게 대구를 이루면서 반전도 있다. 게다가 그 안에 담긴 의미는 심오하기까지 하다. 고객이 시키기 전에 내가 자발적으로 행동한다면 고객은 물론 나에게도 의미 있는 행동이 될 수 있음을 강조한 것이 인상적이었다.

사실 누구나 한 번쯤 식당에서 이런 마음을 가져 본 적 있다. 반찬을 좀 더 달라고 하고 싶은데, 정신없이 바쁘게 움직이는 종업원에게 미안해서 말을 걸지 못한 경험 말이다. 어떻게 보면 참 쓸데없는 마음 같지만, 인간이라면 누구나 가질 수 있는 선한 마음이라고 생각한다. 이럴 때 식당의 종업원이 먼저 다가와 말한다.

"김치 더 드릴까요? 상추도 좀 더 드릴게요."

왠지 모를 감동이 밀려온다. 여느 식당에서도 받아보지 못한 대접이다. 벨을 몇 번이고 누르고 불러도 내 테이블만 휙휙 비켜 가는 듯한데, 부르지도 않았는데 먼저 와서 필요한 것을 챙겨 주는 마음 씀씀이에 감동하지 않을 수 없지 않겠는가.

나는 여기서 센스의 의미를 발견해 본다. 흔히들 센스는 타고나는 것이라고 말한다. '재치 있다', '순발력 있다', '말귀를 잘 알아듣는다' 등의 뜻으로 쓰이기도 하지만, 내가 생각하는 센스란 상대방의 마음을 먼저 읽고, 미리 대응하는 것이다. 상대방에 대한 배려로 그 사람의 마음 앞에 서는 마음이라고 생각한다. '내가 저 사람이라면', '저 입장이라면 무엇이 필요할까?' 하고 역지사지로 생각해 보는 것이다. 행동하기 전에 'If I were you(내가 너라면)'라고 생각하고 행동하는 것이다.

사실 센스는 오랜 기간 사람 간의 관계를 경험하고, 다양한 인간 군상을 만나고 나서야 쌓이지만, 회사에서 '센스 있다'라는 소리 들을 수 있는 몇 가지 멘트를 소개해 본다.

1. 미리 준비해 두었어요

보통 회의 자료나 보고서를 작성할 때, 거의 대부분이 지시를 받고 하는 경우가 많다. 내가 먼저, 누가 시키기 전에 하는 경우는 흔치 않다. 특히 일을 추진하는 과정에서 제때 보고가 이루어지는 경우는 많지 않다. 참지 못한 팀장이 "그거 어찌 돼 가나요?", "언제까지 기다리면 되나요?" 등 독촉을 해야 그제야 가져간다.

물론 일하기도 바쁘고 '보고가 뭐가 중요하지?'라고 생각할 수 있다. 사사건건 보고해야 하는 상황에 짜증이 날 수 있다. '알아서 잘하고 있는데 뭐가 그리 궁금할까?' 하고 생각할 수 있다. 하지만 그건 잘못된 생각이다. 상사는 보고를 받기 전까지 일의 진척을 알 수 없다. 게다가 상사는 그 일을 책임지는 사람이다. 당연히 궁금할 수밖에 없다.

꼭 공식적인 보고 형태가 아니더라도 지나가는 길에, 커피 한 잔 하다가 비공식적으로 일의 진행 상황이나 업데이트 사항을 보고하는 것만으로도 일을 책임감 있게 잘한다는 인상을 준다.

미리미리 일하고 행동하는 것이 꼭 상사를 위한 것만은 아니다. 좀 더 자발적으로 의미 있게 일할 수 있는 방법이라고 생각한다. 게다가 자신의 일을 주도적으로 관리하는 방법이기도 하다.

2. 제가 도와드릴 일 없을까요?

일을 하다 보면 대부분 정신없고 바쁘게 흘러가지만, 때로는 약간의 여유가 찾아오기도 한다. 커피 한 잔을 하러 나갈 수도 있는 시간이다. 이럴 때 옆에 있는 누군가가 도움이 필요해 보인다면 한마디 던져 보자.

"과장님, 제가 좀 도와드릴게요."

"도와드릴까요?"와 "도와드릴게요"는 미묘한 뉘앙스의 차이가 있다. 이왕 도와주기로 마음먹은 것이라면 후자가 낫다. 아예 처음부터 결정짓고 시작하는 방법이다.

나 역시 내가 아주 정신이 없어서 뭔가 미리 챙기지 못할 때 주변에서 먼저 "도와줄게요", "이거 해줄게요", "그거 해놨어요"라고 말해 줬을 때 가장 고마웠다.

3. 식사하셨어요?

센스는 점심시간에도 발휘할 수 있다. 많은 리더의 하소연 중에 하나는 같이 밥을 같이 먹을 사람이 없다는 것이다. 잠깐 자료 좀 본다고 12시를 조금 넘겨 주위를 둘러보면 무인도에 고립되어 있다. 모두들 밥 먹으러 나가고 없는 것이다. 고요하고 적막하다. 왠지 모를 외로움이 몰려온다. 이럴 때 그에게 다가가서 "식사하셨어요? 안 드셨으면 저랑 같이 드실래요?"라고 말해 보자. 물론 같이 먹기 불편하고, 식사 시간이 괴로울 수 있다.

하지만 많이도 아니고 자주도 아닌 한두 달에 한 번 정도는 먼저 밥 먹자고 말을 건네 보자. 팀장과의 관계도 좋아지고, 업무 면에서도 좀 더 지지 받을 확률이 높아진다.

사람은 감정에 지배된다. 밥 먹자고 하는 직원을 싫다고 하는 팀장은 많지 않을 것이다. 여기에 한마디만 덧붙이면 더 센스 있는 사람이 될 수 있다.

"팀장님, 오늘은 제가 쏠게요."

솔직히 팀장도 사람이고 직장인이다. 용돈을 받는 경우도 있고, 생활이 빠듯해 여유가 없을 수도 있다. 이때 이런 마음을 알아주는 후배의 한마디는 고맙고 또 고맙다. 그 한마디에 센스 있는 사람이 될 수 있다.

하루는 대전에 강의를 갔다가 역 앞 가락국수 집 앞에서 미소를 짓게 된 일이 있다.

'옛날에 먹던 맛 그대로, 1분 안에 나옵니다.'

마치 주인장이 '말하지 않아도 알아요'라며, 고객을 유혹하는 듯했다. 고향의 맛을 기억하는 사람들의 마음속에 '맛이 변하진 않았을까?'라는 일말의 의심을 거두게 했다. 먹고는 싶은데 기차 시간 때문에 '오래 걸리면 어떻게 하지?' 하고 고민하던 사람들도 '1분 안에 나온다'라는 말로 그곳으로 끌어들이고 있었다.

주인장의 따뜻한 마음이 전해지는 듯했다. 실리를 따지는 사장의 마음이 아니라 고객의 입장에서 생각하며 행동하는 것 같았다. 센스 있는 주인장이라는 생각이 들었다. 이런 집에 가지 않을 이유가 없다. 한 그릇 후루룩 먹고 기차에 올랐다.

센스, 어렵지 않다.
그 사람 마음속에
한 번만 푹 들어갔다가
나오면 된다.

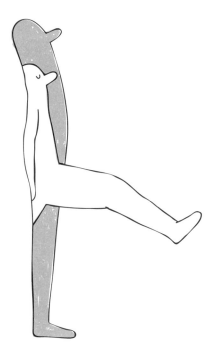

스펙은 충분히 쌓았으니
센스도 좀 키워 볼까?

창원의 어느 호텔에서 모 대학 임직원들을 대상으로 강연을 하게 되었다. 강의는 오후 2시부터였다. 여유 있게 도착해서 근처 커피숍에서 일하고 있는데, 1시쯤 교육 담당자에게 전화가 왔다. 잘 도착했는지 확인하는 전화였다.

"강사님, 혹시 도착하셨나요? 도착하셨으면 1층 식당에서 식사하실래요?"

여기까지는 좋았다. 그런데 뒤에 이어진 말이 조금 의아했다.

"밥이 좀 남아서요."

"네? 밥이 남았다고요?"

나도 모르게 실소가 뿜어져 나왔다. 장난기가 발동해서 "식사 인원이 펑크나셨나 봐요? 근데 저는 잔반 처리반이 아닙니다'라고 받아치고 싶은 마음을 꾹꾹 누르고 강의장으로 갔던 기억이 난다.

물론 전화한 담당자가 악의적인 의도로 그렇게 말한 것은 아니었을 것이다. 윗사람이 왜 이렇게 밥이 많이 남았냐고 핀잔을 줘서, 한 명이라도 더 채우기 위해 전화한 것도 아닐 것이다.

멀리서 강의하러 온 강사를 챙기려는 좋은 마음에서 식사를 권유했을 것이다. 그 마음은 너무 고맙다. 하지만 마지막 말은 넣어두었다면 좀 더 센스 있는 담당자가 될 수 있었을 텐데, 아쉬움이 남는다.

'센스 있다'라는 말을 한마디로 정의하기는 어렵다. 사람마다 생각이 다르고 경험이 다르기 때문에 '센스는 ○○○이다'라고 말하기 어렵다. 하지만 센스 있는 사람에게서 발견되는 공통적인 특징은 있다. 내가 좋아하는 커피 'T.O.P'에 맞춰 세 가지로 정리해 보겠다.

1. Timing, 센스는 타이밍이다

위의 상황에서 '말'도 말이지만, 한 가지 더 아쉬운 것은 타이밍이다. 담당자가 나에게 전화를 건 시간은 오후 1시가 조금 넘은 시각이었다. 이미 밥을 먹어도 두 그릇은 먹었을 시간인데, 그 시간에 전화해서 "식사하실래요?"라고 묻는 것은 좀 아니지 않나 싶다.

좀 더 센스 있는 담당자였다면 오전 11시쯤이나 적어도 하루 전에 식사 여부를 체크했을 것이다. 만약 오후 1시에 전화해야 하는 피치 못할 상황이었다면, 식사가 아닌 커피를 권하는 편이 나았을 수도 있다. 아무리 좋은 말도 때를 놓치면 무용지물이다. 적절한 순간 적절한 말을 하는 것, 그게 센스다.

2. Occasion, 센스는 상황에 걸맞은 말과 행동을 하는 것이다

서울에서 창원까지 네 시간을 달려 내려간 강사의 심신은 지쳐 있을 것이다. 밥도 밥인데 더 필요한 것은 휴식이었을지도 모른다. 이때 만약 "오시느라 고생 많으셨죠? 3층에 강사 대기실을 마련해 두었습니다. 간단한 다과와 음료를 준비했으니 편히 쉬고 계세요"라고 말했으면 어땠을까? 내 입장보다 상대방의 입장과 상황을 고려해서 말하는 것, 그게 센스다.

3. People, 센스는 상대방의 반응을 예상하고 행동하는 것이다

'아 다르고, 어 다르다'는 말이 있다. 같은 말도 예쁘게 하는 사람이 있고, 기분 나쁘게 하는 사람이 있다. 만약 그 담당자에게 "제가 오다가 1+1 음료수를 샀는데, 한 병이 남아서 드립니다"라고 말하는 것이 듣기 좋을까 아니면 "음료수가 맛있어서 한 병 더 샀습니다. 같이 드시죠"가 좋을까?

말 한마디가 뭐 대수냐고 생각할 수도 있지만, 같은 말이라도 듣는 사람 입장에서는 전혀 다르게 들린다. 내가 한 말이 상대방에게 어떻게 들릴지 생각하고 반응을 예상하고 말하는 것, 그게 센스다.

　　센스라는 말은 순발력이나 재치, 눈치 등과 유의어로도 쓰인다. 나는 그보다 센스는 '배려'이자 '예의'라고 생각한다. 상대방의 입장에서 한 번 더 생각해 보고 말과 행동을 하는 것, 그래서 나는 센스라고 쓰고 배려라고 읽으며 예의라고 새겨본다.

　　그래서 누군가가 "너라면 그 상황에서 어떻게 말할래?"라고 묻는다면 '밥이 남아서'라는 표현보다는 "혹시 일찍 도착하시면 식사라도 하시면 좋을 것 같습니다" 또는 "멀리 오시느라 고생 많으셨는데, 식사 준비해 두었습니다" 정도로 말했을 것이다.

　　1년 전 어느 신혼부부의 집들이에 갔던 기억이 난다. 일반적인 집들이 순서에 따라 안방을 제외한 집의 여기저기를 둘러보고 거하게 차려진 상 앞에 둘러앉았다. 의례적으로 초대해 준 집에 대한 소감을 말해야 할 차례였다. 그때 어느 직원이 이렇게 말했다.

　　"생각보다 집이 작네요."

　　순간 집주인을 비롯한 모두의 동공이 흔들렸다. 순간 집주인의 마음의 소리가 들리는 듯했다.

　　'얘는 농담을 한 걸까? 센스가 없는 걸까? 내 집이 작은데 보태 준 거 있나?'

이때 타이밍 좋게 부장이 이렇게 받아쳤다.

"집이 아담해서 신혼부부가 살기 딱 좋겠네."

같은 말과 행동을 하더라도 그냥 하면 +1이고, 센스가 없다면 -1, 센스가 있다면 +10의 가치를 만든다.

Part 5 ◦

누구나 언젠가는 꼰대가 된다

똥인지 된장인지는
먹어 봐야 알지

카센터로 다급한 전화 한 통이 걸려 온다.

"여보세요? 거기 서비스 센터죠? 지금 갑자기 제 차 계기판에 사람이 똥을 누는 표시등이 켜졌는데요. 이게 무슨 뜻인지 알 수 있을까요?"

"네? 똥을 누는 표시등이요? 20년 동안 카센터를 했는데, 그런 표시등은 본 적이 없는데요? 이상하네요. 일단 사진 찍어서 보내줘 보세요."

"네, 지금 보내드렸어요."

"아니, 이 사람이 지금, 장난하세요? 이거는 외부 기온이 영하 4도라는 뜻이잖아요!"

인터넷의 한 유머 게시판의 사연을 재구성한 내용이다. 실제로 이런 상황이 벌어진다면 카센터에 다급히 전화한 사람은 무척 민망하지 않았을까? 이 상황이 더욱 재미있는 이유는 전화를 건 사람의 말에서 진정성이 느껴지기 때문이다. 장난치려고 한 것이 아니라 진짜 저 그림을 똥을 누는 그림으로 본 것이다.

물론 어디까지나 유머이고 '저렇게 볼 수가 있나?' 하고 웃어넘길 수도 있지만, 나는 여기서 다른 의미를 발견했다. 어쩌면 전화한 사람은 똥과 관련된 부정적인 경험이 있거나 어딘가에서 비슷한 이미지를 본 기억이 있어서 그렇게 해석했을지 모른다. 그래서 순간적으로 당황스러운 마음에 카센터에 전화를 한 것이다. 사람은 자신의 경험을 바탕으로 생각하고 해석하고 행동하기 때문이다.

우리는 누구나 자신의 경험 안에서 생각한다. 때로 그게 편하고 빠를 때가 있다. 일상적이고 간단한 의사 결정까지 고민하다가는 우리 뇌가 마비되어 버릴지도 모른다. 이때 경험은 우리 뇌를 지극히 효율적인 방식으로 작동하게 한다. 그 경험이 쌓이면 쌓일수록 신념으로 강화되고, 어떤 상황이나 사람을 판단하는 기준으로 자리잡는다.

하지만 우리는 시공간적인 한계로 인해 세상에서 벌어지는 모든 일들을 경험할 수는 없다. 그래서 개인이 경험한 것이 전부라고 생각할 때 종종 오류가 발생한다. 경험 안에서 생각하고, 경험에 갇힐 경우 놓치게 되는 것들이 있다. 흔한 비유인 '장님 코끼리 만지는 상황'에 빗대어 이를 세 가지로 설명하고자 한다.

1. 과거에 집착하고 현재를 부정한다

눈 감고 코끼리 다리를 만진 사람에게 코끼리는 둥근 원기둥 모양이다. 본인이 직접 만져 봤기에 이것을 코끼리라고 굳게 믿고, 실제 내 눈앞에 코끼리가 나타나도 그것이 코끼리라고 생각하지 못한다.

하지만 하나의 경험이 모든 상황에 통용되지는 않는다. A라는 상황에서 유효했던 경험이 B에서는 무효가 된다. 특히 이런 현상은 실무자에서 리더가 되었을 때 많이 나타난다. 실무자 때는 소위 회사의 에이스였는데, 리더가 돼서는 C급 플레이어로 전락한다. 과거 실무자 시절의 경험을 진리로 믿고 같은 방식으로 팀을 이끌기 때문이다.

2. 새로운 것에 대한 도전을 막는다

이미 코끼리를 만져 본 사람은 본인이 코끼리에 대해서 다 알고 있다고 생각한다. 자신의 경험에 갇히고 새로운 생각을 하지 않는다. 시각이 좁아지고, 새로운 것에 대한 수용 능력도 떨어진다. 반대로 코끼리를 한 번도 만져 보지 못한 사람은 코끼리에 대한 개념이 전혀 없다. 백지상태다. 하지만 코끼리의 일부라도 만져 본 사람은 코끼리에 대한 편견이 생긴다. 자신이 경험한 것이 전부라고 생각한다. 그래서 종종 이렇게 말한다.

"그거 내가 다 해 봐서 아는데…."

"내가 잘 아는 건데."

3. 선입견이나 편견이 생길 수 있다

누군가는 코끼리의 다리를 만지고, 다른 누군가는 코끼리의 코를 만지고, 누군가는 코끼리의 엉덩이를 만졌다. 각기 다른 경험이 형성되었다. 이때 저마다의 경험을 근거로 코끼리에 대해 떠들기 시작한다. 한 치의 양보도 없다. 내 경험이 만들어 낸 편향된 프레임으로 세상을 보면 결국 나는 옳고, 상대방은 그르다는 결론에 이르게 된다. 경험이 만들어 낸 산출물이 '다르다'가 아닌 '틀리다'가 되니 갈등이 생긴다.

이런 경험의 한계와 차이로 인해 사람들 간의 갈등이 벌어진다. 회사는 여러 사람이 모인 곳이기에 그만큼 개개인의 다양한 경험이 모여 있고, 잦은 충돌이 발생한다. 특히 상대적으로 경험이 많은 기성세대와 새로운 경험으로 무장한 요즘 세대의 갈등은 그 정도가 심각하다. 서로의 경험을 인정하지 않은 채 자신의 경험 안에서 판단하고 행동하기에 서로의 경험을 부정한다.

요즘 세대들은 '꼰대'라는 이름으로 기성세대를 부정하고, 기성세대들은 '요즘 것들'이라는 이름으로 요즘 세대들을 일갈한다. 많은 경험을 한 기성세대와 새로운 경험을 한 요즘 세대 간에 날 선 전쟁이 벌어진다.

일반적으로 조직 내 선배, 상사, 팀장이 되고 경험이 쌓일수록 그 경험 안에서 판단하는 경향이 강하다. 쌓아 온 경험을 부정하지는 않지만, 그 경험으로 모든 것을 판단하지는 않았으면 한다. 요즘 세대들이 살아온 세상은 전혀 다르고 그 안에서 쌓인 경험도 전혀 다르다. 시간도 흐르고, 상황도 변했다. 과거의 경험이 현재를 해석하고 판단하는 데 적용되지 않을 수 있다.

앞서 이야기한 사례처럼 똥을 누고 있는 그림으로 보는 것이 꼭 잘못된 것이 아닐 수도 있다. 그것이 내 기준으로는 틀리게 보여도 상대방의 기준으로는 맞을 수도 있다. 내가 가진 경험으로만 보면 틀릴 수 있지만, 상대방의 기준으로 보면 맞는 것도 있다. 틀린 것이 아니라 다른 것뿐이다. 요즘 세대들의 새로운 경험에서 나오는 의견을 다른 것이 아니라 틀리다고만 생각한다면 그 순간 그들의 마음은 정말 영하 4도 이하로 얼어붙을지도 모른다.

반대도 마찬가지다. 요즘 시대에 맞지 않는다고 해서, 옛날 생각이라고 해서 무조건 맞지 않는 것은 아니다. 오래된 경험

속에서 나오는 노하우도 있고, 여러 가지 경험을 통해 응축된 통찰력도 있다. 그런 선배들과 상사들의 경험을 '요즘 시대와는 맞지 않다'라고 섣불리 판단하지는 말자.

서로가 서로를 이해하지 못한 채 자신의 경험으로만 판단한다면 세대를 떠나 누구나 '꼰대'다. 따지고 보면 꼰대는 나이나 세대적인 특징과는 관련이 없다. 자신의 경험 안에 갇혀 있고, 그 경험 안에서 판단하고, 그 경험 밖에 있는 것을 부정하면 꼰대가 되는 것이다.

할 말은 하되 서로의 경험과 의견을 들어주는 것, 자신이 경험하지 못한 것에 대해 수용하려는 태도, 선입견과 편향성을 극복하기 위해 노력하는 것에서 서로의 마음을 녹이는 계기가 만들어질 것이다.

당연하다고 생각하는 순간,
갑질이 시작된다

최근 방영한 예능 중에 〈일로 만난 사이〉라는 프로그램이 있다. 직업 체험과 토크쇼가 어우러진 프로그램이다. 우연히 채널을 돌리다 야간 KTX 열차를 청소하는 회차를 보게 됐다.

재빠르게 청소하고 열차를 보내야 하기에 순발력이 필요하고, 사람들이 여기저기 숨겨 놓은 쓰레기를 찾아내는 일이 고되게 보였다. 게다가 주간이 아닌 야간에 하는 일이기에 체력적인 소모도 커 보였다.

서너 시간의 고된 작업이 끝나고, 꿀맛 같은 휴식 시간이 주어졌다. 이때 한 출연자가 다음과 같은 말을 했다.

"수없이 열차를 타고 다녔지만, 누군가가 청소를 할 것이라는 생각을 단 한 번도 해 본 적이 없어요."

누구나 다 비슷할 것이다. 단지 열차를 이용하기만 했지, 누군가가 그 열차를 청소하리라고 생각하지 못했을 것이다. 당연한 일이다. 내가 거기까지 생각할 이유도 책임도 없다. 깨끗한 열차는 우리에게 너무나 당연하다.

이렇듯 모든 게 제자리에 있을 때는 고마움을 느끼지 못한다. 하지만 그 제자리가 어긋나거나 비어 있을 때 비로소 불편함을 느끼고 그것의 소중함을 발견한다.

고속버스나 KTX를 타고 지방 출장을 갈 때마다 가끔 눈살을 찌푸리게 하는 장면이 있다. 본인이 먹고 버린 쓰레기를 고스란히 의자나 잡지꽂이에 두고 내리는 사람들의 모습을 볼 때다. 버리는 사람이 따로 있고, 치우는 사람이 따로 있다는 듯 너무나 당당하다. 비용을 지불했으니 마음대로 쓰고 아무렇지도 않게 쓰레기를 버리는 것인지 모르겠지만, 누군가는 그 쓰레기를 치워야 한다.

한번은 지인에게 "네가 먹은 쓰레기는 좀 가지고 내려라"라고 핀잔을 줬더니 오히려 나에게 "나 같은 사람도 있어야지. 그래야 치우는 사람도 할 일이 생기지"라고 말하며 웃는데, 이런 게 소위 말하는 '갑질'이 아닌가 싶었다.

갑질은 재벌이나 사회적 지위가 높은 사람들만 저지르는 것이 아니다. 어쩌면 내가 당연하게 여기고 아무렇지 않게 하는 행동이 누군가에는 갑질이 될 수도 있다.

음식점에서의 상황도 비슷하다. 하루는 분식점에서 아침밥을 먹고 있었는데, 내 옆 테이블에 자리 잡은 아저씨가 주문을 했다.

"아줌마, 여기 라면 하나!"

처음에는 단골인가 싶었는데, 이어지는 말을 들어 보니 아니었다.

"저기! 물은 셀프인가?"

그 식당에 처음 오는 사람인 듯했다. 그런데도 당연하게 반말이 튀어 나간다. 내가 내 돈 내고 이용하니까, 나는 너보다 위고, 나는 대접받을 권리가 있다는 것일까?

"아저씨, 식당이라고 해서 돈 내면 다 먹을 수 있는 곳이 아니에요. 이분들이 버티고, 밤낮 안 가리고 일하기 때문에 당신이 거기서 라면도 먹을 수 있는 거예요. 그러니까 반말하지 마세요"라고 한소리 하고 싶었지만, 그냥 조용히 먹고 나왔다. 대신 그 아저씨 들으라는 듯이 주인 아주머니께 이런 말을 건넸다.

"찌개 아주 맛있네요. 잘 먹고 갑니다. 감사합니다."

신입사원 시절 "회사에서는 화장실 청소하시는 분께 가장 잘해라"라는 말을 들은 적 있다. 당시에는 그 말의 의미를 몰랐다가 회사 생활을 하면서 깨닫게 되었다. 보이지 않는 곳에서 나를 위해, 회사를 위해 청소하는 분들이 있기에 내가 조금 더 편하게 일할 수 있다는 사실을 말이다.

비록 버리는 것을 직접 보지는 못하지만, 매일 아침 깨끗하게 비어 있는 쓰레기통과 쾌적한 화장실은 분명 그것을 치워주는 누군가의 수고가 있기 때문이다. 그 말을 이해한 뒤로는 청소하시는 분들이나 주차 관리해 주시는 분들에게 더 잘하려고 노력했다.

세상에 당연한 것은 없다. 그 안에는 필히 누군가의 희생과 노력이 담보되어 있다. 그것을 발견할 수 있는 사람, 나아가 그 고마움과 감사함을 되돌려 줄 수 있는 인성을 가진 사람은 언젠가 반드시 빛을 발한다. 그런 것을 아는 사람이 되는 것, 그것이 일 잘하는 사람보다 더 중요하고 요즘 시대 더 필요한 역량은 아닐까 생각해 본다.

가끔은 나를 객관적으로
비출 거울이 필요하다

누가 보아도 미인으로 통하는 어머니와 그저 그런(?) 외모를 지닌 아버지 사이에서 태어난 나는 어머니의 성격과 아버지의 얼굴을 닮았다. 어려서부터 그것이 늘 아쉬움이자 불만이었다. 그래서인지 어렸을 때 다른 사람들에게서 가장 듣기 싫었던 말 중 하나는 "네 아빠를 똑 닮았네"라는 말이었다. 아버지는 섭섭하게 생각하시겠지만, 일종의 콤플렉스가 되기도 했다.

이제는 외모에 신경쓸 나이가 지나고, 매일 보는 얼굴에 익숙해지다 보니 못 봐줄 얼굴은 아니라는 일종의 자기 위안이 있다. 내 외모에 관심을 가지거나 평가를 하는 사람들도 이제는 거의 없다. 여전히 가끔 누군가가 내 외모에 대해 농담하거나 어떤 영화의 악역을 닮았다고 하지만, 그저 웃을 뿐 아무런 감흥이 없다.

그러나 사회생활을 하고 10여 년이 지났을 즈음, 누군가를 닮았다는 말이 충격으로 다가온 적이 있었다. 옆 팀의 동료가 술자리에서 한 말이었다.

"너 요즘 너희 팀장이랑 하는 행동이 똑같은 거 알아? 왜 닮아가는 거야?"

그 말을 듣는 순간, 크게 한 방 얻어맞은 기분이었다. 평소나 자신이 관리 직급으로서 파트 리더의 역할을 잘 수행하고, 직원들과 소통도 무난하게 하고 있다고 굳게 믿고 있었다. 반면, 우리 팀장님은 회사 내에서도 유명한 유아독존 독불장군이었기에 나 또한 그런 모습으로 보였다는 것이 나에게 적잖은 충격이었다.

그동안 내가 파트원들에게 했던 말과 행동들이 스쳐 갔다. 팀장님을 바라보며 속으로 '어휴, 나는 저러지 말아야지' 하면서도 나도 모르게 팀장님의 말투나 행동을 따라 하고 있었는지 모르겠다. 그들을 위한다는 명목 아래 내 생각을 강요하고, 많은 사람이 있는 데서 나무라기도 했다. 때론 격하게 흥분해서 소리도 질렀었다. 그러면서 속으로 이렇게 말했다.

'다 너희들을 위한 거야. 나는 잘하고 있어.'

완벽한 착각이었고, 나를 위한 핑계이자 변명이었다. 지금에서 고백하자면 리더라는 역할이나 태도에 대해서 고민하기 전에 리더가 되었다는 성취감이 앞섰던 것 같다.

그래서 옆 팀의 동료가 "팀장과 닮아간다"라고 조언해 준 것이 고마웠다. 이 말 덕분에 나를 객관적으로 돌아볼 계기가 되었기 때문이다.

그 후로는 파트원들의 잘못을 지적하기 전에 그렇게 행동한 이유를 먼저 물어보려고 애썼다. 또한, 결정해서 통보하기 전에 선택권을 주고 자율적으로 일하도록 했다. '내 생각이 맞다'라는 고집을 내려놓고, 좀 더 열린 생각으로 파트원들을 대하기 시작했다. 이해되지 않는 행동도 그들의 입장에서 보려고 노력했다.

그렇다고 업무적인 실수나 부주의, 나태함 등을 양보한 것은 아니었다. 관계적인 부분에서는 수평적이되, 업무적인 부분에서는 누구보다 엄격했다. 파트원들도 그 이면의 따뜻함을 알기에 업무적인 엄격함을 이해했다. 그래서일까, 퇴사 후에도 여전히 좋은 관계를 유지하고 있다.

지금의 변화는 그때의 나를 객관적으로 바라보았기 때문에 얻은 결과다. 나를 중심에 놓고, 이기적인 리더로 행동했던 모습을 정확하게 비춰준 그 거울을 만나지 못했다면 지금쯤 어떤 리더로 기억되었을까?

가끔은 객관적으로 나를 평가할 거울이 필요하다. 나를 가까이에서 보고 쓴소리도 해 줄 사람이 필요하다. 외모를 비추는 거울이 아니라 내면을 비추는 거울 말이다. 매일 아침 출근길에 외모를 확인할 것이 아니라, 가끔 주변 사람들에게 내가 어떤 사람인지, 장단점이 무엇인지 객관적으로 확인해 보아야 한다.

내 모습을 객관적으로 볼 수 있는 눈을 가져야 진정한 나를 발견할 수 있기 때문이다. 다른 사람들의 눈에 비친 거울의 조각들을 모아보자. 어쩌면 그게 세상에 비친 나의 진짜 모습일지도 모른다. 나의 말과 행동 그리고 내면까지 비춰 줄 거울에 가끔은 이렇게 물어보자.

"거울아, 거울아, 내가 누굴 닮아가고 있는 거니?"

예전에 한 어린이 행동 교정 프로그램에서 인상적인 장면을 본 적이 있다. 열 살이 채 되지 않은 어린아이가 말끝마다 욕을 하는 것이었다. 부모는 그 아이의 행동을 교정하려고 온갖 방법을 사용했지만 소용이 없자 부끄러움을 무릅 쓰고 방송에 출연했다.

어린아이 행동 전문가가 나서서 교정 방법을 설명하는데, 그 어떤 당근과 채찍으로도 고쳐지지 않던 아이의 잘못된 습관이 곧바로 고쳐지는 것이 아닌가! 그 즉효 약은 바로 자신이 욕하는 장면을 담은 영상을 보여 주는 것이었다.

영상 속 자신의 모습을 본 아이는 순간적으로 표정이 확 변하더니 정말 신기하게도 그 후로는 욕을 하지 않았다. 수많은 방법에도 고쳐지지 않던 욕하던 습관이 객관화된 자신의 모습을 확인하는 순간 극적으로 변화한 것이다.

내 안에 스며들어 있는 꼰대 본능을 끊기 위한 방법으로 이 프로그램에서의 처방처럼 내면의 거울을 활용해 보면 어떨까? 자신의 평소 대화 습관을 녹음하는 것도 좋고, 나를 객관적으로 평가해 줄 수 있는 동료에게 우회적으로 물어보는 것도 좋다. "올해 좋은 습관을 하나 만들고 싶은데, 내 지금 모습 중에서 어떤 부분을 바꾸면 좋을까?"라고 말이다.

누구나
꼰대가 될 수 있다

나는 〈나는 자연인이다〉라는 예능 프로그램의 애청자다. 홀연히 도시를 떠나 산속에서 여유롭게 살아가는 자연인들의 모습을 보고 있으면 절로 마음이 편안해진다.

방송에서는 2박 3일 동안 산속에 사는 자연인과 개그맨 이승윤 씨가 함께 생활하는 모습이 그려지는데, 그들의 대화도 재미있지만, 자연인의 철학도 들을 수 있어서 유익하다.

2012년부터 쭉 이어진 이 프로그램을 이승윤 씨가 처음 맡았을 때만 해도, 이 프로그램이 그의 첫 단독 프로그램이었다고 한다. 그만큼 그에게도 이 프로그램에 대한 기대가 컸을 것이다.

하지만 그것도 잠시, 이승윤 씨는 첫 촬영을 하고 당장 그만두려 했다. 여러 이유가 있었겠지만, 그중 가장 큰 이유는 위생이었다. 자연인들의 생활 방식이 일반적인 도시인인 이승윤 씨의 관점에서는 더러워서 참을 수 없었기 때문이다.

특히 자연인들의 흙 묻은 손이나 손톱에 낀 때를 보고 있으면, 비위가 상해 그 손으로 만든 음식을 먹기가 너무 힘들었다고 한다. 솔직히 화면으로 보는 우리도 그런 생각이 드는데, 그걸 직접 먹어야 하는 본인은 오죽했겠는가?

어쨌든 방송이고, 촬영을 기꺼이 허락한 특별 출연자가 주는 것을 안 먹을 수도 없어서 그는 억지로 먹었다고 한다. 촬영이 끝나고 도시로 돌아갔지만, 그의 걱정과는 다르게 배가 아프거나 탈이 난 적은 단 한 번도 없었다.

오히려 도시에서 먹은 햄버거나 짜장면을 먹고 탈이 난 적은 많았다는 것이다. 그러면서 그가 마지막에 한 말이 인상적이었다.

"더러운 것은 나였다. 세균이 가득한 스마트폰을 쓰고, 온갖 화학조미료가 가득한 음식을 먹는 내가 더러운 사람이었다."

그동안 무언가가 불편하거나 만족스럽지 않으면 남 탓을 하거나 상황 탓을 했는데, 이승윤 씨의 말을 들으니 내 생각이 잘못되었거나 그 원인이 나한테 있을 수도 있다는 깨달음이 이어졌다.

남 탓을 하기 전에 나 자신을 돌아보는 자세가 중요한 것이다.

이승윤 씨가 첫 촬영에서 느꼈던 것처럼 요즘 세대가 마주한 회사라는 공간도 이와 비슷할지도 모르겠다. 생각보다 답답하고, 꽉 막혀 있다. 요즘 세대의 관점으로는 이해하기 힘든 것투성이인 공간이다.

특히 상사라는 이름으로, 선배라는 이름으로 있는 사람들의 말과 행동이 도무지 이해가 가지 않을 때가 많다.

하지만 적어도 아직 가보지 못한 길과 입장에 대해서 지금 현재 가지고 있는 생각과 경험으로 판단하지 말았으면 한다. 그 자리에서 당연히 할 수 있는 얘기, 책임감에 하는 얘기, 리더로서 하는 얘기까지 다 싸잡아 꼰대라고 비난하지는 않았으면 좋겠다.

비난의 화살을 윗사람이나 상사에게만 돌려서 그들을 꼰대라고 몰아세우기 전에, 나 자신을 먼저 돌아볼 수 있는 성숙함이 필요하다.

그들을 꼰대라고 단정짓기 전에 '내가 잘못하고 있는 것은 아닐까?', '저 말이 나한테 도움이 되지는 않을까?'를 생각해 본다면 새로운 깨달음과 방향을 얻을 수 있다.

꼰대를 특정하는 말과 행동은 수없이 많지만 꼰대의 특징 중에 핵심은 '내가 가진 것, 내 생각이 전부이거나 옳다고 생각하는 것'이다. 이것이 꼰대의 본질이자 가장 큰 특징이다.

그럼 다시 이 지점부터 생각해 보자. '내 생각만이 옳은 것'

이 꼰대의 특징이라면 내가 가진 생각으로 상대를 꼰대라고 비난하는 것 역시 결국 같은 꼰대가 되는 일이 아닐까?

꼰대는
내 안에도 있을 수 있다.
단지 내가
깨닫지 못할 뿐.

오늘보다 내일이
더 빛날 요즘 세대들에게

'청년 실업 100만 시대', 'N포 세대', '헬조선' 등 현재 요즘 세대가 직면한 현실을 대변하는 단어들이다. 경제 성장과 IT 기술의 혜택을 누리며 풍족하게 자랐고 좋은 교육 환경 속에 그 어느 때보다 훌륭한 인재로 성장했지만, 대한민국의 발전 속도는 그들의 성장 속도를 따라가지 못했다.

그런 그들을 담기에 지금의 대한민국은 그릇이 너무나 작다. 안타깝지만 어쩔 수 없는 현실이다. 막막한 현실 속에서 스스로 살길을 찾는 방법밖에 없나 싶다.

대입부터 취업에 이르기까지 스펙을 쌓기 위해 많은 것을 포기하고 오로지 앞만 보고 달려왔다. 현재를 담보로 지금을 희생하면 취업이라는 문이 열리고, 행복한 결말이 기다리고 있을 줄 알았다. 하지만 그렇게 달려온 곳은 결말이 아니었다. 새로운 경쟁의 시작일 뿐이었다.

> "취업을 하면 끝날 것 같았는데, 그냥 문을 하나 열고 나온 기분이더라고."
>
> −드라마 〈미생〉 中

문을 하나 열고 나갈 때마다 더 큰 세계가 있고 또 다른 문이 기다리고 있을 것이다. 문은 이어지고 이어진다. 기대와 희망보다 더 큰 난관과 좌절이 가로막고 있을지도 모른다. 꽉 막힌 회사 규정, 의미 없이 반복되는 업무, 도무지 답이 나오지 않는 선배와 상사의 틈바구니에서 언제까지 회사를 다녀야 할지를 고민하며, 방황할 수도 있다. 몇 개의 문을 더 열고 나가야 끝이 날지 모르는 막막함이 이어진다.

요즘 세대들 앞에 놓인 피할 수 없는 현실이자, 앞으로 그들이 걸어가야 할 인생의 길이다. 나 역시 그 길을 걸어오며 그 길 위에서 고민하고 방황하고 좌절하는 시간을 반복했다. 지금도 그들보다 조금 앞쪽 어딘가에서 또 다른 문을 열기 위해 지나가고 있을 뿐이다. 어디에 서 있느냐의 차이일 뿐, 그 안에서 느끼는 고민이나 좌절의 크기는 모두 비슷하다.

나와 비슷한 고민을 하며 좌절을 경험하고 있을 요즘 세대들에게 내 경험을 나누어 주고 싶었다. 내가 그때 알았더라면 좀 더 좋았을 뻔했던 이야기들이고, 과거의 철없던 나를 돌아보는 회고록이기도 했다. 그렇게 브런치에 쓰기 시작한 글들이 모여 한 권의 책이 되었다.

이제 그 마지막 이야기를 꺼내 보려고 한다. 비교할 바는 아니지만 스탠퍼드 대학 졸업식에서 스티브 잡스가 축사를 했던 것처럼, 언젠가 모교 강당에서 졸업식 축사를 하는 날이 오면 하려고 아껴 두었던 이야기이기도 하다.

15년이라는 직장생활을 버텨 내고, 상상 이상의 꼰대들을 상대하고, 초특급 울트라 갑질도 겪고 나니 보이기 시작한 것들에 관한 이야기다.

1. 회사는 가장 완벽한 연습 무대다

만약 배를 만들고자 한다면, 사람들을 불러 모아 나무를 모으고 일을 분담하고 명령을 내리려 들지 마라. 대신 이들이 방대하고 끝없이 넓은 바다를 꿈꾸도록 가르쳐라.

– 생텍쥐페리

리더십 교육에서 권한 위임과 비전 제시의 중요성을 강조할 때 쓰는 명언 중 하나다. 그런데 나는 여기에 중요한 말이 생략되어 있다고 생각한다. 바다를 나갈 때 '다 같이 탈 배'가 아니라 '내가 타고 갈 배'를 상상하고, 회사를 그 배를 만들기 위한 연습 공간이라고 생각해야 한다는 말이다. 지금의 시대에는 이 명제가 맞다.

'벤처의 대부'로 불리는 호리바 마사오는 '회사는 무대이고, 일은 연기'라고 말했다. '회사는 어디까지나 무대일 뿐 중요한 것은 내가 어떤 연기를 펼치느냐'라는 말이다. 회사와 일의 관계를 설명하는 데 있어서 이것만큼 적절한 비유도 없다고 생각한다.

한 편의 연극이 끝나면 무대에 대해 평가하는 사람은 없다. 배우들의 연기력에 대해 이야기한다. 아무리 주인공 역할이라도 연기가 형편없다면 욕을 먹고, 조연이나 단역일지라도 자신에게 주어진 역할을 넘어 그야말로 신 스틸러가 된다면 그 사람은 인정받는다. 중요한 것은 무대가 아니라 연기다.

회사는 어디까지나 무대일 뿐이다. 무대가 주는 화려함, 조명 등은 회사를 떠나는 순간 더 이상 내 것이 아니다. 회사가 가진 자원, 시스템, 배경도 내 연기력을 도와줄 뿐 결국 내가 어떻게 평가받느냐는 내 연기력에 달려 있다.

가끔 회사가 가진 명성, 자원, 시스템 등을 내가 가진 실력이라고 착각하는 사람들이 있다. 그러나 그것은 어디까지나 회사의 것일 뿐 내 것이 아니다. 그것을 내 실력으로 착각하는 순간, 내 연기력은 늘지 않는다. 철저하게 분리해서 생각해야 한다.

회사는 무대일 뿐, 언젠가는 떠나게 되어 있다. 무대를 위해 일할 필요는 없다. 회사도 아닌, 그 누구도 아닌 나를 위해 일해야 한다. 명함에서 회사명, 부서명, 직급을 지우더라도 내 이름 석 자가 빛날 수 있는 실력을 키운다는 생각으로 일해 보자. 긍정적인 마음으로, 내 일을 한다는 생각으로, 배우고자 하는 자세로 내가 맡은 역할에 몰입한다면 언젠가 내 이름 석 자만으로도 빛날 기회가 온다.

2. 오늘의 나는 어제까지 나의 합이다

회사에서 맡았던 일 중 가장 싫었던 일은 사람들 앞에서 사회를 보는 일이었다. 조금 과장하자면 죽기보다 싫었다. 하지만 그때의 경험은 내가 지금 강의를 하는 데 있어 그 어떤 경험보다 큰 자산이 되었다.

그런가 하면 사내 인트라넷에 글을 쓰는 일은 생각만 해도 머리가 아픈 일이었다. 부끄러움에 몸서리치며 꾸역꾸역 글을 썼다. 하지만 그때의 경험을 시작으로 나는 글을 쓰며 먹고사는 직업을 가질 수 있었다.

그때는 그렇게 하기 싫고 쓸모없는 일이라고 여겼던 것들이 지나고 보니 지금의 나를 만들었다.

회사는 좋아하는 일만 하는 곳도 아니고, 잘하는 일만 하는 곳도 아니다. 해야만 하는 일, 하기 싫은 일, 못하는 일도 주어진다. 이때 하기 싫어서, 한 번도 해 보지 않아서 하지 않는다면 내가 가진 업무 범위는 넓어지지 않고, 내 실력도 한곳에만 머무르게 된다. 점차 도태되면서 있어도 그만, 없어도 그만인 사람이 된다.

일이란 결국 연결되고 연결된다. 전혀 관련이 없어 보이는 일도 지나고 보면 연결되어 있고, A라는 것을 잘하면 결국 B라는 일을 할 때 도움이 된다. 이런 경험이 연결되고 연결되면서 나의 무기가 되는 것이다. 두려워서 해 보지도 않고 피하고 거절한다면, 이런 경험은 쌓이지 않는다.

스티브 잡스는 스탠퍼드 대학 졸업식 축사에서 "Stay hungry, Stay foolish"라는 명언을 남겼지만, 나에게 있어 좀 더 의미 있게 다가온 이야기는 '점'에 관한 이야기였다.

"인생의 점은 연결된다. 다만, 미래를 내다보며 점을 잇는 것은 불가능하다. 점이 이어진 모습은 과거를 돌아볼 때야 비로소 가능하다."

현재를 기준으로 일의 경중이나 가치를 판단하지 말자. 지금 맞닥뜨린 모든 일을 도움이 되고, 배울 것이 있다는 자세로 임하는 것이 좋다. 그 경험은 절대 사소하지 않다. 언젠가 그렇게 쌓아 올린 벽돌이 모이고 모여서 만리장성이나 피라미드가 되는 것처럼 당신의 거대한 실력이 되어 있을 것이다.

물론 요즘 같은 시대에 맞지 않는 이야기일 수도 있다. '해야 할 것만 하고, 주어진 일만 잘하자'가 대세인 시대에 이것저것 다 열심히 하고, 경험을 넓히라는 이야기는 그야말로 꼰대 소리로 들릴지도 모르겠다. 하지만 경험해 보지 못한 사람은 모른다. 그때는 그렇게 하기 싫고 의미 없어 보이던 일들이 지금에 와서 보니 내 실력의 어딘가에 탄탄한 나사 하나로 자리잡고 있다는 사실을 말이다.

과거는 돌이킬 수 없고 미래는 닿을 수 없다. 내가 컨트롤할 수 있는 것은 오로지 지금이다. 내 힘이 미치는 곳은 지금 이 순간뿐이다. 미래를 바꾸기 위해서는 지금 이 순간을 내가 어떻게 의미 부여하는가에 따라 결정한다. 매 순간을 소중하게 여기며 지금을 쌓아간다면 언젠가 그 점들이 이어져서 나 자신도 놀랄 만한 실력이 될 것이다. 점은 반드시 연결되게 되어 있다.

3. 오심도 경기의 일부다

'오심'도 경기의 일부라는 말이 있다. 물론 오심은 경기를 망치고 관중들이 등을 돌리게 만드는 주요한 이유다. 하지만 그라운드에서 뛰는 선수라면 최악의 오심도 받아들이고 끝까지 경기에 임해야 한다. 오심에 불만을 느끼고 남은 경기를 포기하면 절대 경기에서 승리할 수 없다.

회사는 생각하기에 따라 온갖 부조리로 가득 찬 곳이다. '월급을 왜 이것밖에 안 줘?', '꼭 9시까지 출근해야 해?', '야근을 왜 해야 하지?', '복지가 왜 이 모양이야?' 등 내 기준으로 보면 받아들일 수 없는 오점투성이다. 그중에서 특히 조직 내 존재하는 상사는 최악의 오심으로 꼽히기도 한다. 회사에 대한 불만이나 퇴사 이유에 '상사에 대한 불만'은 늘 상위권을 차지한다.

'어떻게 저렇게 말을 할 수 있지?'

'저 사람이 내 미래의 모습은 아닐까?'

'아무리 노력해도 이해가 되지 않는다.'

하지만 그전에 질문을 바꿔 보자.

'저런 말을 듣지 않으려면 내가 어떻게 해야 하지?'

'저렇게 되지 않으려면 나는 지금 무엇을 해야 할까?'

'어딜 가나 저런 인간들은 꼭 있다. 미리 연습한다고 생각하자.'

물론 상황은 바꿀 수 없다. 하지만 긍정적인 마음으로 극복할 수는 있다. 모든 '탓'을 밖으로 돌리기 전에 나 자신을 돌아보고 반성하는 자세가 한 뼘 성장한 나를 만든다. 상황 탓, 남 탓, 회사 탓은 잠시 잠깐 위로가 될지언정 결국 내 에너지를 빼앗기는 일이다. 나 자신을 먼저 돌아볼 줄 아는 자세가 더 강하고, 빛나는 나를 만들어 줄 초석이 될 것이다.

회사는 내 삶의 안전장치이자 미래를 준비하는 연습 무대이다. 무의미해 보이던 일들도 하나하나 의미가 있고, 언젠가 점에서 선으로 연결되는 날이 온다. 꼴도 보기 싫고 상대하기 싫었던 사람들이 나를 더 단단하게 하고, 때로는 알게 모르게 배우는 것도 있을 것이다. 내가 어떻게 받아들이고 극복할 것인가, 어떤 의미를 부여할 것인가, 결국 여기에 답이 있다.

마지막 세 가지 메시지를 끝으로 오늘보다 내일이, 내일보다 그다음 날이 더 빛날 요즘 세대들의 꿈과 희망을 응원하며 이 이야기를 마무리한다.

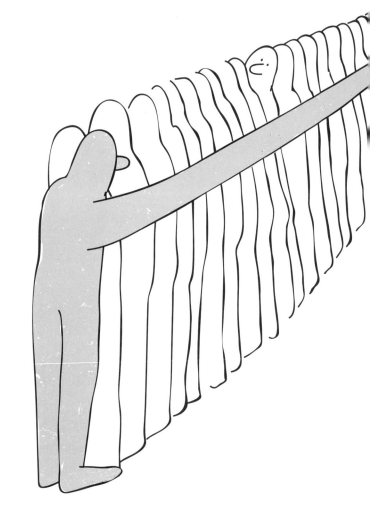

오늘의 나는
어제까지 나의
합이다.

나는 그냥 꼰대로 살기로 했다

초판 1쇄 발행일 2020년 2월 27일
초판 4쇄 발행일 2022년 4월 10일

지은이 임영균

발행인 윤호권
사업총괄 정유한
편집 정상미 **디자인** 양혜민
발행처 ㈜시공사 **주소** 서울시 성동구 상원1길 22, 6-8층 (우편번호 04779)
대표전화 02-3486-6877 **팩스(주문)** 02-585-1755
홈페이지 www.sigongsa.com / www.sigongjunior.com

글 ⓒ 임영균, 2020

ISBN 978-89-527-5676-3 03190

*시공사는 시공간을 넘는 무한한 콘텐츠 세상을 만듭니다.
*지식너머는 ㈜시공사의 브랜드입니다.
*시공사는 더 나은 내일을 함께 만들 여러분의 소중한 의견을 기다립니다.
*잘못 만들어진 책은 구입하신 곳에서 바꾸어 드립니다.